Johann Hirsch-Müller

König Ludwig I. und Lola Montez

Eine dramatische Komödie

in 30 Bildern und einem Epilog

Impressum:

Lektorat: Susanne Schmitz

Copyright © 2013 TUBUK.digital

Ein Imprint der TUBUK GmbH

www.tubuk-digital.de

Rollen:

Ludwig I., König von Bayern

Lola Montez

Königin Therese

Prinzessin Alexandra

Thronfolger Maximilian

Drei Bettler

Lizius, Sängerin

Beichtvater Pater Hilarius

Minister von Abel

Der Unbekannte

Bischof Diepenbrock

Adjutant Nussbaumer

Nürnberger, Student der Alemannia

Peissinger, Student der Cheruskia

Der Polizeipräsident v. Pechmann

Staatsrat von Berks

Intendant Frays

Kammerdiener

Conférencier

Cowboys / Cowgirls

Doppelbesetzungen sind möglich.

Ort und Zeit: München vom Oktober 1846 bis März 1848

Szenarium (Fassung vom 31.01.2006)

Inhalt

1. Bild „Kann so viel Schönheit Natur sein?"

Arbeitszimmer des Königs. Der König, Lola, dazu Herr Frays und Prinzessin Alexandra.

KÖNIG: *sieht Lola prüfend an* 20 Jahre, sagten Sie? *Lola nickt.* Also so alt wie meine jüngste Tochter Alexandra. Und mir scheint, genauso übermütig –

LOLA: Sire, ich bin von spanischem Geblüt und stamme aus Andalusien, und an der Wiege wurde mir nicht gesungen, dass ich dereinst als Künstlerin in München landen sollte.

KÖNIG: Ja, es ist mir berichtet worden, dass Sie …

LOLA: Ich bin eine Tänzerin von internationalem Rang. Einer meiner ersten Gänge also war mein Besuch im Münchner Hoftheater.

KÖNIG: Auch darüber weiß ich Bescheid.

LOLA: Aber es gelang mir nicht, den Intendanten davon zu überzeugen, dass sein Theater eher als Hühnerstall bezeichnet werden muss.

KÖNIG: Auch davon habe ich gehört.

LOLA: Majestät, ich bin aufgetreten in Paris, London, Petersburg, Warschau, Wien, Berlin.

KÖNIG: Und in München hat man Sie abgelehnt.

LOLA: Nein, Majestät, ich habe abgelehnt, ich, Majestät, wissen Sie, was das heißt: Ich, Lola Montez, sollte vortanzen, auf Spitze.

KÖNIG: Spitzenschuhe gehören zum Ballett – wie die Lederhosen zum Schäfflertanz.

LOLA: Spitzenschuhe! Pirouette, Menuett? Ballett? Das ist vorbei, tot, tot wie, wie sagten Sie?

KÖNIG: Schäfflertanz.

LOLA: Nein, das andere.

KÖNIG: Lederhose.

LOLA: Ja richtig, tot, tot wie Lederhose. *Sie deutet eine Mischung aus „Schuhplattler" und „Striptease" an, merkt, dass sie zu weit gegangen ist* Oh! Oh, pardon.

KÖNIG: Bitte, bitte, bitte. Lassen Sie sich nicht stören.

LOLA: Ich bin sicher, Hoheit, dass keiner kann sagen, ich bin schlecht gewachsen. Das kann mir niemand vorwerfen.

KÖNIG: Pardon, pardon! Im Gegenteil. Es tut mir sehr leid, aber hier steht – *zeigt auf den Bericht* Wo ist denn bloß mein Glas? *findet es und liest* „Lieber würden wir nichts sagen über Lola Montez. Sie hat nichts Andalusisches an sich, abgesehen von ihren wundervollen dunklen Augen. Wo kommt sie eigentlich wirklich her? Das ist die Frage. Sicherlich, sie hat zierliche Füße und sehr hübsche Beine, doch was deren Gebrauch betrifft, so vermuten wir, dass Lola Montez auf einem Trottoir wohl eher zu Hause ist, denn auf den Brettern, die die Welt bewegen."

LOLA: Wer hat das geschrieben? *Lola wirft aufgebracht Bücher, Papiere und Schreibutensilien auf dem Schreibtisch durcheinander und ergreift das Papiermesser. Fast scheint es, dass sie in ihrer Wut auf den König einstechen will.*

KÖNIG: Moment mal, das sagt ein Kritiker aus Paris, nicht ich.

LOLA: Pardon, Majestät, habe ich richtig verstanden. Sagten Sie Kritiker? Ein Schmutzfink sagt das, Majestät, kein Kritiker, ein verklemmtes Etwas, eine Kreatur von einem schreibenden Schmierfink, ein Parasit, der, wenn es Frauen wie mich nicht geben würde, an seinem Schreibtisch verhungern würde.

Der König betätigt die Klingel. Einer der Kammerdiener öffnet die Tür des königlichen Arbeitszimmers.

KÖNIG: Der Hofintendant möge eintreten.

KAMMERDIENER: Sehr wohl, Majestät. *Geht ab.*

LOLA: *aufgebracht* Intendant? Dieser Kretin ist ein Intendant? Majestät, noch nie in meinem Leben ist mir ein größerer Dummkopf begegnet.

KÖNIG: Señora, das sollten Sie besser für sich behalten. So was spricht sich herum, in Bayern.

LOLA: Dieser Herr Friese …

Intendant Frays kommt herein.

… oder wie dieser Herr heißen mag. Er hat sich schlecht benommen.

KÖNIG: Als Intendant ist das sein gutes Recht.

LOLA: Er besitzt keinerlei Kompetenz. Er weiß nicht, was das ist, Tanz. Er hält die Drehung um die eigene Achse auf spitzen Schuhen für einen Tanz. Er hat keine Ahnung, was das ist: Ausdruckstanz!

KÖNIG: Ich auch nicht.

LOLA: Sie müssen das nicht wissen, Sie sind König und kein Intendant.

KÖNIG: Interessieren tät's mich aber schon. Was drücken Sie denn aus, mit Ihrem Tanz?

LOLA: Sie müssen fragen, was drücke ich aus mit meinem Körper.

INTENDANT *leise zu sich* Unvermögen.

KÖNIG: *zum Intendanten* Haben Sie etwas gesagt? *Herr Frays will antworten.*

LOLA: Majestät, wie soll ich Ihnen das beschreiben. Stellen Sie sich vor, ich bin wie Mutter Erde, vielleicht nicht ganz so rund, aber die Erde lebt uns vor, was das ist, Leben, verstehen Sie, Majestät.

INTENDANT: Majestät. Wir suchen Gruppentänzerinnen und keine Erdkugeln.

KÖNIG: Das bleibt Ihnen unbenommen. Diese Frau hier ist keine Tänzerin. Sie ist ein Ereignis.

Lola, die instinktiv heraushört, was der König mit „Ereignis" meint, fängt an, sich auf betörende Weise zu bewegen. Sie entledigt sich ihrer Kleidungsstücke bis auf ein fleischfarbenes Trikot, wobei Musik einsetzt. Sie tanzt sich in einen Rausch. Mit der Musik endet auch der Tanz. Langes Schweigen.

KÖNIG: Schön Gestalt hat groß Gewalt.

LOLA: Wie bitte, ich kann Sie nicht verstehen.

KÖNIG: Liebe Donna, ich bin in der glücklichen Lage, Herrn Frays zu bitten, Sie zu engagieren. *mit einer eindeutigen Handbewegung zu Herrn Frays* Danke, Herr Hofintendant.

Herr Frays geht wortlos ab.

KÖNIG: Nun?

LOLA: Ich danke Ihnen von ganzem Herzen. Ich wusste, Sie würden meine Kunst verstehen.

KÖNIG: Erlauben Sie, Señora *deutet mit einer anzüglichen Handbewegung auf Lolas Brüste* kann so viel Schönheit – Natur sein?

LOLA: *Sie weicht zurück* Sire! *macht urplötzlich ihre Brüste frei.*
Des Königs Tochter Alexandra platzt unangemeldet herein.

KÖNIG: *peinlich berührt* Alexandra, was fällt Dir ein! Habe ich Dich rufen lassen?

ALEXANDRA: Ich bitte um Verzeihung, mein allerliebster Vater, Majestät, Gott, ich bin ganz durcheinander, ich wollte nur berichten: Maximilian ist eben angekommen und hat den kleinen Ludwig dabei. Du musst ihm Audienz gewähren, sonst hört der nicht mehr auf zu schreien.

Lola, inzwischen nicht mehr barbusig, lacht – nach dem Geschmack des Königs ein wenig zu laut.

Lichtwechsel

Zwischenbild: „Ein tanzendes Weib ist eine zu gefährliche Versuchung."

Intendant Frays.

INTENDANT FRAYS: Sehr verehrtes Publikum. Ein tanzendes Weib ist eine zu gefährliche Versuchung, gegen die sich nicht einmal der heilige Augustin stark genug fühlte. Tänzerinnen haben meistens mehr Glück als Sängerinnen. Was werden also die Gesangsdrosseln dazu sagen, wenn die hier nackert herumhüpft! Und vor allem die Lizius! Der König, unser gnädigster Herr, wäre gut beraten, sich mit ihr zu begnügen, wenn er keinen Skandal riskieren möchte! Die Lizius-Koloraturen kosten ohnehin genug Geld! Überhaupt, was brauchen wir bei uns in Bayern eine andalusische Tänzerin? Was brauchen wir bei uns in Bayern diese Ausländerei? Mit diesen fremden Sitten. *Deutet mit einer Handbewegung die wohlgeformten Brüste Lolas an* Wie heißt es bei uns in Bayern doch so treffend: „Was der Bauer nicht kennt, des frisst er net." *Achselzucken, Verbeugung* Imbezile!

Lichtwechsel

2. Bild „Man soll den Teufel nicht an die Wand malen!"

Arbeitszimmer des Königs. König und Lola.

KÖNIG: Stieler wird Sie malen, das schönste und größte Porträt.

LOLA: Man soll den Teufel nicht an die Wand malen!

KÖNIG: Wenn Ihr Bildnis teuflisch sein soll, so wechsle ich die Religion.

LOLA: *kokett* Bedenken Sie, dass Sie ein König sind. Die Missachtung der Religion führt zur Missachtung der königlichen Pflichten.

KÖNIG: Ich wäre pflichtvergessen, würde ich das Schöne übersehen.

LOLA: Das Schöne ist weniger, was man sieht, als das, was man träumt.

KÖNIG: Halten Sie mich für einen Träumer?

LOLA: *Lola ernsthaft* Ja, mein König. Schönheit ist nicht immer Gnade, sondern ist zuweilen ein Fluch und zieht nur zu oft Hass und Verfolgung nach sich.

KÖNIG: Ja, ich weiß: Schöne Frauen ziehen das Unheil an.

LOLA: In Indien sagt man: Eine schöne Frau gehört der Welt, eine hässliche Dir allein.

KÖNIG: Dann will ich mir fest vornehmen, die Welt zu sein, die von Dir in Atem gehalten wird.

Der König nimmt Lola zärtlich in die Arme. Beide sinken in inniger Umarmung zu Boden.

Zwischenbild: „Vater König unser, der Du bist als Ludwig I."

Drei Münchner Bettler.

DREI BETTLER: *abwechselnd* Vater König unser, der Du bist im weißblauen Königreich ein selt'ner Gast, geheiliget werde dein Name Ludwig als erstes in Italien und Sizilien, zu uns komme wer mag, nur bleib Du für immer in Griechenland. Dein Wille geschehe weder im Himmel noch auf Erden, und in Bayern sowieso nicht. Bezahle unsere Schulden, wie wir die Deinigen bezahlen müssen. Führe uns nicht in Versuchung durch deine Theaterweiber Dahn und Lizius. Erlöse uns von deren Mezzogesang und Koloraturen, erlöse uns ganz besonders vom Übel deiner Person und von deinem Schöngeist, damit hierzulande die Armut und Hungersnot ein Ende haben mögen. Komme nie wieder ins Bayerische Königreich, um den Bierpreis anzuheben, nur weil Dir das griechische Gesöff den philhellenischen Kopf vernebelt hat. Möge dein Architekt Klenze von der Schwindsucht befallen werden, damit München bleiben kann, was es immer war: Ein Hort der bayerischen Gemütlichkeit – bis in alle Ewigkeit. Amen.

Lichtwechsel

3. Bild „Primadonna-Knöcherl"

Garderobe. Kammersängerin Lizius, Adjutant Nussbaumer.

NUSSBAUMER: Ihre Nächte mit dem König sind gezählt.

LIZIUS: Das glauben Sie doch selbst nicht. Nussbaumer, wie oft hat er mich besucht, wenn er zuvor mit dieser Mezzo-Sopranistin zusammen war.

NUSSBAUMER: Erlauben Sie mir den Einwand, Frau Lizius, bei der Frau Dahn hat er sich – vergleichsweise – nur ausgeruht.

LIZIUS: Ausgeruht? Soll das heißen, dass er eine neue Liebschaft hat?

NUSSBAUMER: Ja, das soll es heißen, das heißt, mit anderen Worten ausgedrückt soll das heißen: Die spanische Lektion ist sehr, sehr anstrengend, schweißtreibend wie die andalusischen, lauen Nachtwinde.

LIZIUS: Sprechen Sie von dieser andalusischen Eintagsfliege?

NUSSBAUMER: Sie wissen besser als ich, dass unser geliebter König keine Mühe scheut, der Kunst im Allgemeinen und den Künstlerinnen im Besonderen zu dienen, wenn sie nur hübsch anzuschauen sind.

LIZIUS: Dieses Mistweib!

NUSSBAUMER: Sie bekommen also am Hoftheater Konkurrenz, wenn auch von der andern Sorte oder wie es im Theater so schön heißt: Sparte.

LIZIUS: So ist also dieses Geschwätz im Theater kein Gerücht.

NUSSBAUMER: Kein Gerücht.

LIZIUS: Hat sie es also geschafft, diese Schlampe!

NUSSBAUMER: Lolas Lustgeschrei kommt Ihrer bewundernswerten Koloratur-Technik ziemlich nahe, wenn Sie mir, Frau Lizius, diesen Vergleich erlauben wollen.

LIZIUS: Das glaube ich einfach nicht.

NUSSBAUMER: So peinlich mir das Ganze ist: Es ist die Wahrheit, nichts als die nackte Wahrheit. Sogar die Kuppelhauben der Frauenkirche sollen rot angelaufen sein.

LIZIUS: Der Intendant, was sagt unser Intendant dazu?

NUSSBAUMER: Zu den Kuppelhauben?

LIZIUS: *droht ihn zu ohrfeigen*

NUSSBAUMER: Was soll er schon sagen, wenn er keine Etatkürzungen in Kauf nehmen will.

LIZIUS: *kreischt* Das verschlägt einem doch den Atem!

NUSSBAUMER: Das ist schlecht für den Gesang.

LIZIUS: Schlecht, Nussbaumer? Das ist eine Katastrophe! *versucht zu singen, was eher einem Krächzen gleicht* Ich bringe keinen Ton heraus! Wie um Gottes willen soll ich morgen singen, *schreit* angesichts dieser Furie, dieser Theatermatratze, die nichts weiter kann, als ihre Beine spreizen wie eine Schere. Wie soll ich da noch singen können.

NUSSBAUMER: Indem Sie es gar nicht erst versuchen. Ihre Vorstellung morgen fällt aus. Sie können das Singen bleiben lassen.

LIZIUS: Wie bitte?

NUSSBAUMER: Ja, sie fällt aus. Sie haben morgen frei. Stattdessen steht „Lola Montez" auf dem Programm: eine Premiere, eine Tanz-Premiere, eine Gala-Vorstellung. Lola Montez großer Auftritt im Hoftheater – in Anwesenheit des Königs.

LIZIUS: *stammelt* Lola Montez. Gala-Vorstellung. Großer Auftritt. König auch da. *Urplötzlich, in wilder Verzweiflung, versucht sie vergeblich zu singen, wobei sie sich – von allen guten Geistern verlassen – auf dem Boden wälzt. stammelt* Nussbaumer, mein lieber, lieber Nussbaumer, das muss diese Hure büßen. Versprich mir, dass sie das büßen muss, und auch der König, dieser Hurenbock, dieser Metzenkönig, ich bitte Dich mit mir zu schlafen, nimm mich, wenn diese Schlange morgen auf offener Bühne ihren Hintern kreist, nimm mich, am besten dort hinten auf der Bühne, nein, noch besser: im Souffleurkasten, wenn der König in seiner Loge mit geilen Augen diese spanische Schlampe verschlingt, versprich mir, dass Du diese Hure verführst, dass Du mit ihr schläfst, so wie Du mich geböckelt hast, während der edle König in Bad Brückenau seine müden Lenden im Jungbrunnen erfrischte, ich bitte Dich, tu's mir zu Liebe, ich brauche diese Rache, wie der Teufel die armen Seelen braucht.

NUSSBAUMER: Liebe Lizius, ich bin der Adjutant des Königs.

LIZIUS: Eben. Dann wird es Dir ein leichtes sein, den beiden beim Tête-à-Tête nicht nur zuzuhören, sondern Dir die Lola zu greifen wie einen Hühnerarsch, sie aufzuspießen wie einen Steckerlfisch. Nussbaum, Du mein prächtiger Baum, Du musst die Lola knacken wie eine Nuss, Du musst mir ihre Innereien servieren, wie einst der Salome dieser schöne Wuschelkopf serviert wurde.

NUSSBAUMER: *ironisch* Köpfe sind heute noch nicht gerollt. Wünschen Madame vielleicht Leber oder Lunge?

LIZIUS: *schreit* Primadonna-Knöcherl wünsche ich! Verstehst Du mich! Zwei Knöcherl à la „Lola Montez".

Lichtwechsel

Zwischenbild: Lolas Premieren-Tanz.

Der König sitzt in der Loge.

Eine weiche, warme Melodie wird hörbar. In einem schwarzen, spanischen Kostüm, von kostbarer Spitze gesäumt und von sprühendem Brillantschmuck belebt, eine dunkelrote Rose im nachtschwarzen Haar, tritt Lola Montez aus der O-Gasse. Mit weiten, wiegenden Schritten gleitet sie über die Bühne in den Vordergrund. In einer tiefen Verneigung sinkt sie zur königlichen Loge gewendet in sich zusammen. Beifall des Königs. Die Tänzerin verharrt in ihrer Stellung bis die sanfte Melodie verklingt. Unvermittelt setzt die Musik mit synkopierten, erregenden Rhythmen ein, erfasst den Körper der Tänzerin. Aus der tiefen Verneigung richtet sie sich im Takt der Synkopen langsam auf, hebt die Arme hoch, schlägt die Kastagnetten. Der schlanke Leib biegt sich, ein Wiegen der Hüften, ein Drehen, kleine verhaltene Schritte, ein leichtes Aufstampfen. Die Musik wird drängender, leidenschaftlicher. Jäh reißt sie die Tanzende zu einem federleichten Sprung empor. Dann wirbelndes Drehen, bacchantische Gelöstheit. Rhythmus, Anmut, Grazie und jubelnde Erfüllung. Lola Montez lässt alle Register ihrer Kunst spielen. Sie tanzt ihre feurigen Fandangos und Boleros nicht schulgerecht. Frei von allem Herkömmlichen, eigenster, persönlichster Ausdruck in jeder Bewegung, reicht ihre Skala von naiver Kindlichkeit und Anmut bis zu berückender Glut und Entfesselung aller tänzerischen Leidenschaften, an Wollust grenzend. Und so unvermittelt, wie er begann, ist der Tanz zu Ende. Die Musik bricht ab. Die Kastagnetten schweigen. Lola sinkt wieder, gegen die Hofloge gewendet, nieder. Lächelnd blickt sie mit erhitztem Gesicht und strahlenden Augen zum König auf. In rührender Geste bedeckt sie mit beiden Händen die fast entblößte, von den raschen Bewegungen heftig wogende Brust. Ohne auch nur einen einzigen Blick auf das Publikum zu werfen, gleitet Lola von der Bühne. Stille. Der König applaudiert. Das (echte) Publikum macht es ihm nach.

Lichtwechsel

4. Bild „Fleischeslust"

Privatgemach der Königin. Königin Therese, Beichtvater Pater Hilarius.

KÖNIGIN THERESE: Nein, Pater, das werden sich die Damen nicht gefallen lassen, dass sie in der Hofgesellschaft erscheint. Sie sagten: Er empfängt sie jeden Tag?

PATER HILARIUS: Jeden Tag, privat.

KÖNIGIN THERESE: So, so, vivat.

PATER HILARIUS: Nein, privat.

KÖNIGIN THERESE: Sie sagten, dass sie nicht hässlich ist, diese Tänzerin.

PATER HILARIUS: Das Böse bedient sich gern des Schönen als Maske; die Sünde erscheint in lockender Gestalt.

KÖNIGIN THERESE: Ich bin ja gern bereit, ihm seinen sündigen Geschmack zu lassen, aber jeden Tag.

PATER HILARIUS: Unseren allergnädigsten Herrn und König hat es befallen wie eine Krankheit, von der wir ihn mit Gottes Hilfe zu befreien hoffen.

KÖNIGIN THERESE: Ja, ja, der liebe Gott ist willig, aber des Menschen Fleisch ist schwach. Ich kenne meinen Ludwig. Aber jeden Tag, das ist mir fremd.

PATER HILARIUS: Dem Teufel aber gefällt's.

KÖNIGIN THERESE: Dann treiben Sie dieser Frau den Teufel aus.

PATER HILARIUS: Nachdem uns das Mittel des Feuers genommen wurde, bleibt uns der Glaube, das unerschütterliche Vertrauen zu Gott und seiner Kirche und das häufige Gebet, damit die bedrängte Seele die Kraft finde, dem Bösen zu widerstehen.

KÖNIGIN THERESE: Beten, beten! Ich bete Tag und Nacht, und es hat nichts genützt. Gibt es kein besseres Mittel der Teufelsaustreibung?

PATER HILARIUS: Jenes verruchte Weib hat des Königs Sinn verhext. Die Kirche hat ein Interesse daran, alles zu entfernen, was dem katholischen Gewissen feindselig oder schädlich ist. Die Mittel für Klosterbauten wurden erheblich eingeschränkt.

KÖNIGIN THERESE: Um Gottes willen, werden keine Klöster mehr gebaut?

PATER HILARIUS: Zu wenig. Der Lebensunterhalt für Lola Montez verschlingt Unsummen von Geld. Hoheit, Sie wissen so gut wie ich: Das Glaubensinteresse! Das Staatsinteresse! Nicht eines ist ohne das andere zu denken! Nur ein gottesfürchtiges Volk ist lenksam! Diese Erkenntnis ist so bedeutend wie das Reinheitsgebot des bayerischen Bieres.

KÖNIGIN THERESE: *bekreuzigend* Hopfen und Malz, Gott erhalt's!

PATER HILARIUS: *segnend* Bis in alle Ewigkeit. Amen. Königliche Hoheit, mit Ihrer und Gottes Hilfe sorgen wir dafür, dass der begierige Schlund von Lola Montez ein für alle Mal gestopft wird. *Im Abgehen* Und dass das Bier für's Volk bezahlbar bleibt.

Lichtwechsel

5. Bild „Stieler, Ihr Pinsel wird alt."

Vorbühne: Atelier. König und Hofmaler Stieler.

Lola im Pelz. Sitzt vor einem großen Bild mit Schneelandschaft. Stieler überprüft behutsam den Sitz der Pelzkapuze.

STIELER: Gut. *wiederholt in kleinen Pausen* Gut – gut – gut – gut. *Lolas fast vollendetes Porträt ist zu sehen, davor der König in Mantel und Zylinder.*

KÖNIG: Stieler, Ihr Pinsel wird alt.

STIELER: Aha.

KÖNIG: Nein, gefällt mir nicht.

STIELER: Aha, gefällt ihm nicht.

KÖNIG: Zu offiziell.

STIELER: Zu offiziell, aha.

KÖNIG: Zu steif, aha.

STIELER: Der Pinsel zu alt. Zu steif, aha. Tja, was soll ich da bloß machen. *Er beugt sich zum König hinab* Vielleicht könnte man den Mantel fallen lassen? Verstehen Majestät, ohne Mantel? Dann hängt alles a bisserl runter, weniger steif…

LOLA: Was habt ihr beide da zu flüstern?

KÖNIG: Schschsch, nicht bewegen! Bleib wie Du bist! *zum Maler* Und wie lange wird es dauern, wenn Sie ohne Mantel …?

STIELER: *streckt zwei Finger aus* Vielleicht zwei Monate. Oder vielleicht zweieinhalb, zwei, zweieinhalb? Ich könnte auch drei Monate rumpinseln, alt, wie er ist, der Pinsel.

Lichtwechsel

6. Bild „Apanage"

Wohnung Lola. Lola und Der Unbekannte.

DER UNBEKANNTE: Mrs. Gilbert!

LOLA: *sehr verwundert* Wie bitte?

DER UNBEKANNTE: Mrs. Eliza Gilbert, Sie sind nicht die, die Sie scheinen wollen! Ich kenne Sie auch unter dem Namen James! Sie spielen eine falsche und schlechte Rolle in der Welt.

LOLA: Für Sie bin ich Lola Montez, und ich spiele die Rolle, die mir angemessen ist! Was wollen Sie?!

DER UNBEKANNTE: Sie sind das Ärgernis in den Augen der Königin, in den Augen des Volkes, der öffentlichen Sittlichkeit und in den Augen der Jesuiten. Als solcher habe ich Ihnen einen Vorschlag zu machen.

LOLA: Wenn ich etwas in meinem Leben verabscheue, dann sind es die Jesuiten, mein Herr.

DER UNBEKANNTE: Wenn Sie, Donna, die Jesuiten nicht lieben, so ist anzunehmen, dass Sie die Jesuiten nicht kennen.

LOLA: Kommen Sie zur Sache.

DER UNBEKANNTE: Darf ich mich setzen?

LOLA: Also?

DER UNBEKANNTE: Sie sind die Tänzerin Lola Montez.

LOLA: Unter diesem Namen kennt mich die Welt.

DER UNBEKANNTE: Sie lieben den König?

LOLA: Liebe und Keuchhusten lassen sich nicht verbergen.

DER UNBEKANNTE: Interessant. Und der König, liebt er Sie?

LOLA: Haben Sie keinen Mut, den König selbst zu fragen.

DER UNBEKANNTE: Ich fürchte, Seine Majestät würde mir nicht antworten.

LOLA: Schlimmer noch. Er würde diese Frage als Verletzung seiner Privatangelegenheit betrachten und Sie massakrieren lassen!

DER UNBEKANNTE: Dies würde den Aufwand nicht lohnen, ich bin nur ein kleines Rädchen im Getriebe der Mächtigen.

LOLA: Wer immer Sie geschickt hat: Die Macht hat der, an den die Menge glaubt.

DER UNBEKANNTE: Wie recht Sie haben.

LOLA: Und die Bayern glauben an ihren König.

DER UNBEKANNTE: Noch mehr aber an den lieben Gott.

LOLA: Dann hat Sie also der liebe Gott zu mir geschickt. Ich wusste gar nicht, dass der liebe Gott auf die Schmutzarbeit von Maulwürfen angewiesen ist?

DER UNBEKANNTE: Auch der Maulwurf gehört zum Schöpfungswerk – und als solcher biete ich Ihnen die Hand. Sie wären gut beraten, sie nicht zurückzuweisen.

LOLA: Abgesehen davon, dass ich dieses Angebot eklig finde: Soll das eine Drohung sein?

DER UNBEKANNTE: Señora, solange sich Ihre Interessen nicht gegen unsere richten, werden Sie in Bayern leben wie die Made im berühmten Speck.

LOLA: Ich neige eher zur Magersucht!

DER UNBEKANNTE: Magersüchtig oder nicht. Die persönlichen Vorlieben Seiner Majestät sind für das Wohlergehen des bayerischen Volkes bedeutungslos. Das Problem ist also nicht das Liebesverhältnis, das der König mit einer Magersüchtigen pflegt, sondern der Einfluss, den Sie auf den König ausüben.

LOLA: Was erwarten Sie von mir?

DER UNBEKANNTE: Nichts weiter, als das zu sein, was Sie in den Augen der Bayern sind.

LOLA: Die berühmte Made im königlichen Speck.

DER UNBEKANNTE: Richtig. Wir erwarten von Ihnen, dass Sie sich beim König nicht gegen uns verwenden. Im Gegenzug könnten wir uns vorstellen, jegliche und öffentliche Herabwürdigung Ihrer Person einzustellen, damit Sie sich vom alten Herrn ungestört aushalten lassen können.

LOLA: Und wenn ich lieber als „Würmchen" im morschen Gebälk der Jesuiten-Klöster mein Unwesen treiben möchte?

DER UNBEKANNTE: Dann sollten Sie nicht vergessen, dass der Einsturz unserer Klöster auch Ihrem geliebten König wenig nützen würde. Meine Auftraggeber sind bereit, Ihnen die Beendigung des Parasitendaseins zu vergolden: Eine jährliche Apanage von fünfzigtausend Gulden halten wir für angemessen, um unseren König vom „Wurmfraß" zu befreien.

LOLA: Kein schlechter Preis. fünfzigtausend Gulden, die die Jesuiten den armen, aber doch gottesfürchtigen Bayern aus den Taschen quetschen.

DER UNBEKANNTE: Jeder Glaube hat seinen Preis!

LOLA: Und der Mensch, hat der keinen Preis? Sie müssen eine geringe Meinung von der Großzügigkeit des Königs haben, wenn Sie glauben, dass er nicht bereit sein würde, für meine Anhänglichkeit mehr zu bieten als läppische fünfzigtausend Gulden.

DER UNBEKANNTE: Gering wird von meinen Auftraggebern nur die Neigung des Königs zu einer treulosen Tänzerin geschätzt, die ihre Liebhaber wechselt wie feine Damen ihre Schlüpfer.

LOLA: Zur Verteidigung meiner Liebhaber muss ich einwenden: Diese Herren waschen sich täglich.

DER UNBEKANNTE: Das werden sie nach dem Beischlaf mit Ihnen wohl auch dringend nötig haben.

LOLA: Würde man das Papier, auf dem mein unzüchtiges Leben beschrieben wird, stapeln, es ergäbe einen Berg höher als die Zugspitze.

DER UNBEKANNTE: Bedenken Sie: Die Luft dort oben ist sehr dünn. Sie sollten also darauf achten, dass sie nicht noch dünner wird. Das kann zu einem Kollaps führen.

LOLA: Mit fünfzigtausend Gulden müsset sich doch jemand finden lassen, der meinen Kollaps ein wenig beschleunigt.

DER UNBEKANNTE: Es gibt Leute, die würden Ihre Beseitigung umsonst erledigen. Allein das müsste für Sie ein Grund sein, die Meeresluft in Spanien dem bayerischen Klima vorzuziehen.

LOLA: Lieber lasse ich mich ertränken, wie diese Bernerin.

DER UNBEKANNTE: *verbessert* Bernauerin. Die arme Agnes. Gott sei ihrer Seele gnädig. Donauwasser – kein angenehmes Trinkwasser. Aber diese Zeiten sind längst vorbei. Außerdem kann sich Bayern eine Diskussion um das plötzliche Ableben einer königlichen Mätresse nicht erlauben.

LOLA: Was für ein Glück, dass ich ein Verhältnis mit dem König habe und nicht mit einem seiner Söhne. Vielleicht sollte ich meinen Luis fragen, ob er mir zu meinem persönlichen Schutz einen Adelstitel verleiht.

DER UNBEKANNTE: Sie sind verrückt.

LOLA: Ich würde als Gräfin von Blutenburg doch eine respektable Figur abgeben? Mit einem kleinen Schlösschen aus Holz, beschützt von jungen, kräftigen Holzfällerbuben, *deutet einen „Schuhplattler" an* sozusagen als Leibwächter vom König persönlich geprüft und ausgesucht.

DER UNBEKANNTE: Sie sollten sich über unseren König nicht lustig machen.

LOLA: Lustig? Ich meine das sehr ernst. Die Notwendigkeit liegt auf der Hand. Ich, Lola Montez, als Adelige unter Bayerns Aristokratie. Gäbe es eine bessere Garantie für die Wertschätzung und Unverletzlichkeit meiner Person?

DER UNBEKANNTE: Nichts ist vorstellbar, was die Bayern noch zorniger machen könnte.

LOLA: Doch, werter Herr: die Erhöhung des Bierpreises.

Lichtwechsel

7. Bild „Ich kann mich mit dem Vesuv vergleichen."

Arbeitszimmer des Königs. König und Lola.

KÖNIG: *während er die nackten Füße von Lola leidenschaftlich küsst* Ich kann mich mit dem Vesuv vergleichen, der für erloschen galt, bis er plötzlich wieder ausbrach. Ich glaubte, ich könnte nicht mehr der Liebe Leidenschaften fühlen, hielt mein Herz für ausgebrannt. Aber nicht ein Mann mit 40 Jahren, wie ein Jüngling von zwanzig, ach, was sag ich da, von fünfzehn fasste mich Leidenschaft wie nie zuvor. Esslust und Schlaf verlor ich zum Teil. *zum Publikum* Sehen Sie nur, wie ich abgenommen habe, fiebrig heiß wallt mein Blut. In des Himmels Höhen erhebt es mich, meine Gedanken werden reiner, ich werde besser. Ich bin glücklich. Einen neuen Schwung hat mein Leben bekommen.

Lichtwechsel

Zwischenbild: „Genügt Dir nicht ein schandbeflecktes Leben."

Der Unbekannte.

DER UNBEKANNTE:

Genügt Dir nicht ein schandbeflecktes Leben,

gewürzt durch feilen Lasters Lust?

Wie wagst Du es, mit eines Teufels Streben

Zwietracht zu säen in der Völker Brust?

Feind des Völkerglücks, Höllengrund entsprossen,

wie hat ein schlimmer, fürchterlicher Wahn

den Pfad vom Volk zum Fürstenherz verschlossen!

Du – Scheusal – fürchte seinen Zahn!

8. Bild „Herr Minister, alles was geschieht, erfahre ich."

Arbeitszimmer des Königs. König und Minister von Abel.

Minister von Abel tritt ein.

KÖNIG: Herr Minister, kommen wir doch gleich zur Sache. Wie mir zugetragen wurde, hat Frau Lola Montez ein Angebot von fünfzigtausend Gulden erhalten, wenn sie das Land verlässt. Wissen Sie zufällig, wer hinter diesem Angebot steckt und ob diese Summe als einmalige Abfindung gedacht ist?

MINISTER VON ABEL: *schweigt*

KÖNIG: Einerlei. Herr Minister, alles was geschieht, erfahre ich, und zwar rechtzeitig, merken Sie sich das. Doch was ich noch sagen wollte: Ich halte es für besser, dass wir künftig die Angelegenheiten Kultus und Unterricht vom Ministerium des Inneren trennen. Baron von Schrenck wird das Ressort übernehmen.

MINISTER VON ABEL: Majestät, wie soll ich dies alles verstehen?

KÖNIG: Ich halte diese Arbeitsentlastung für notwendig, da Sie in letzter Zeit die Überwachung unserer Zensurvorschriften arg vernachlässigt haben.

MINISTER VON ABEL: Majestät, die Zensur …

KÖNIG: Wir führten die strenge Zensur über Empfehlung Ihrer Partei ein, um das Volk in Ruhe zu halten. Es ist auffallend, dass gerade Ihre Blätter Artikel bringen, die nach den Zensurvorschriften niemals hätten erscheinen dürfen. Will man das Volk künstlich beunruhigen? Oder wünscht man die Zensur überhaupt nicht mehr? Überlegen Sie sich meine Fragen, Herr Minister von Abel. *Der König macht eine entlassende Handbewegung. Minister von Abel tritt ab.*

Lichtwechsel

9. Bild „Bleiben Sie bei Ihrer Stola, ich bleib bei meiner Lola."

Arbeitszimmer des Königs. Der König und Bischof Diepenbrock.

BISCHOF DIEPENBROCK: König Ludwig, es wächst ein Giftbaum neben Dir auf, dessen tödliche Düfte Dich betäuben, Deine Augen verblenden, Deine Sinne berauschen und Dein Herz betören, dass Du nicht siehst den Abgrund, an dem Du wandelst, den offenen Abgrund, der Deine Ehre, Deinen Ruhm, das Glück Deiner Familie, Deines Landes, Deines Lebens und das Heil Deiner Seele zu verschlingen droht.

KÖNIG: Sagen Sie mir zuerst, wie es kommt, dass die Blätter kirchlicher Observanz sich einen erstaunlich ungeziemenden Ton gegen den König und gegen die Personen, die er mit seiner Freundschaft auszeichnet, herausnehmen?

BISCHOF DIEPENBROCK: König Ludwig, denke daran, Du bist nicht mehr der Jüngste, erwache aus Deinem Taumel und ermanne Dich, wirf ab die Zauberbinde, reiße aus den Giftbaum, zertritt, verbanne die Schlange. Beruhige, tröste, befriedige Dein armes Volk. Gib Dich ihm, gib Dich den Deinen wieder. Lass ihm, lass Deinen Teuren, lass der edlen Königin Dein großes, reiches königliches Herz nicht von dieser elenden, weltberüchtigten Buhlerin stehlen.

KÖNIG: Als König habe ich das Recht, wie jeder Privatmann übrigens auch, meine Unterhaltung dort zu suchen, wo es mir gefällt! Es bedürfe weder einer Ermahnung noch einer Zurechtweisung, von welcher Seite auch immer.

BISCHOF DIEPENBROCK: Könige müssen auf sich achten, weil sie den Blicken des Volkes ausgesetzt sind, dem sie gutes Beispiel geben sollen.

KÖNIG: Haben Sie nicht selbst vor Kurzem anerkannt und laut gepriesen, dass Bayern ein Eldorado des Glücks und der Zufriedenheit ist? Überlassen Sie mir die Sorge und seien Sie getrost: Solange Ludwig lebt, wird Bayern dieses Eldorado bleiben.

BISCHOF DIEPENBROCK: Es kann nicht sein, dass eine Tänzerin des Königs Sinn wendet und dass sich ein Bayerischer König von Männern abwendet, die früher sein Vertrauen hatten.

KÖNIG: Man muss keinem Menschen trauen, der bei seinen Versicherungen die Hand auf das Herz legt!

BISCHOF DIEPENBROCK: Ein König aber, der mit wollüstigen Händen zwischen den Beinen einer spanischen Tänzerin fingert, gibt kein gutes Beispiel für das heilige Sakrament der Ehe. Die Sittenlosigkeit nimmt erschreckend überhand.

KÖNIG: Ist zur Erhaltung und Festigung der guten Sitten nicht auch die katholische Kirche zuständig?

BISCHOF DIEPENBROCK: Schicken Sie diese Frau dorthin, wo sie hingehört. In Bayern hat sie nichts verloren.

KÖNIG: Bleiben Sie bei Ihrer Stola und ich bei meiner Lola!

Lichtwechsel

10. Bild „Ist die Gnade des Königs nicht Legitimation genug?"

Arbeitszimmer des Königs. Der König und Minister von Abel.

KÖNIG: Ich wünsche der Señora Lola Montez das Indigenat und, damit verbunden, jenen Rang zu geben, der als Grundlage für ihre Hoffähigkeit erforderlich scheint.

MINISTER VON ABEL: Das ist unmöglich, Majestät!

KÖNIG: Unmöglich? Warum?

MINISTER VON ABEL: Majestät, ich bitte den üblen Leumund der Dame zu bedenken, ihre dunkle Vergangenheit, den zweifelhaften Ruf.

KÖNIG: Sie sprechen von einer Schutzbefohlenen, die der König mit seiner Freundschaft auszeichnet.

MINISTER VON ABEL: Ich wage nicht zu widersprechen, wenn Majestät es so befunden haben; doch sei mir erlaubt, Eure Majestät daran zu erinnern: Dem Gesetz müsse entsprochen werden – ohne Papiere kein Indigenat.

KÖNIG: Und ohne Indigenat keine Papiere.

MINISTER VON ABEL: Ich bitte Eure Majestät, gnädig zu sein: Alle Grundlagen für die Einbürgerung der Señora Montez fehlen. Die Señora besitzt keinerlei Dokumente. Man weiß nicht, wer sie ist, woher sie kommt, woher sie stammt.

KÖNIG: Aber man weiß um ihre dunkle Vergangenheit und ihren zweifelhaften Ruf!

MINISTER VON ABEL: Die Gesetze unseres Landes …

KÖNIG: *ironisch* Ist die Gnade des Königs nicht Legitimation genug?

MINISTER VON ABEL: Majestät. Ich flehe im Interesse der Krone und im Interesse des Staates, von diesem Wunsche abzusehen.

KÖNIG: Und ich befehle die Ausstellung der Einbürgerungsurkunde binnen vierundzwanzig Stunden.

MINISTER VON ABEL: Majestät. Die bedenkliche Stimmung im Innern der Familie, ja im ganzen Lande lässt es gefahrvoll erscheinen, einen Schritt zu wagen, der zu einer Palastrevolution führen und das Ansehen des Thrones erschüttern könnte.

KÖNIG: Was die bedenkliche Stimmung im Lande anbelangt: Alles Tratsch, Neid, Eifersucht! Noch etwas: Im Palast selber wird nur einer revoltieren – und das bin ich!

MINISTER VON ABEL: Sehr wohl, Majestät.

KÖNIG: Wenn eine spanische Tänzerin nach dem Gesetz in Bayern ohne Papiere nicht eingebürgert werden kann, so werde ich ihr in München ein Haus schenken, was sie dann zu einer Bürgerin Münchens macht. Und wenn mich nicht alles trügt, gehört München doch wohl zu Bayern. Obgleich der Charakter des „Münchner Kindl" mich manchmal daran zweifeln lässt.

Lichtwechsel

11. Bild „Königs-Mätresse"

Wohnung Lola. König und Lola.

KÖNIG: *off* Lolitta, Du bist die Sonne meines Lebens. Von ihr hängt das Glück oder Unglück ab *(kommt herein)*

LOLA: Ich liebe Dich jeden Tag mehr und mehr.

KÖNIG: Letzte Nacht träumte ich von Dir. Deine Füße haben mich verrückt gemacht. Du warst so zart zu mir.

LOLA: Letzte Nacht hat mir ein Maulwurf in der Maske eines Jesuiten fünfzigtausend Gulden angeboten, wenn ich Dich verlasse.

KÖNIG: *liebkosend* Ich werde dafür sorgen, dass die Geliebte eines Königs einen höheren Preis erzielt, wenn sie bei ihm bleibt.

LOLA: *liebkosend* Ach, mein lieber Luis.

KÖNIG: *liebkosend* Ich biete mehr.

LOLA: *liebkosend* Luis, die Sache ist zu ernst.

KÖNIG: *liebkosend* fünfzigtausend sagtest? Pro Tag?

LOLA: *liebkosend* Luis.

KÖNIG: *liebkosend* Nein? Im Monat?

LOLA: *liebkosend* Luis, ich bitte Dich, hör auf.

KÖNIG: *liebkosend* fünfzigtausend? Pro Jahr?

LOLA: *liebkosend* Ich habe Angst.

KÖNIG: *liebkosend* Angst? Kein Wunder. Wie soll eine Gräfin davon leben?

LOLA: *liebkosend* Luis. Ich bitte Dich. Ich bin die Mätresse eines Königs.

KÖNIG: *liebkosend* Ein Königreich für eine Mätresse!

LOLA: *liebkosend* Luis, mein lieber Luis, ein kleines Palais irgendwo in München genügt.

KÖNIG: *Auf dem Höhepunkt der Liebkosung* Mein Leben für eine Gräfin.

LOLA: *Auf dem Höhepunkt der Liebkosung* Luis, ich liebe Dich. Wie sehr habe ich mir das gewünscht, es nicht zu träumen gewagt, ich liebe Dich.

Lichtwechsel

Zwischenbild: „Ich werde ein Memorandum verfassen."

Minister von Abel.

MINISTER VON ABEL: Sie können überzeugt sein, meine Herren, dass alles versucht wurde. Umsonst. Seine Majestät befiehlt die Ausstellung der Einbürgerungsurkunde binnen vierundzwanzig Stunden. Die alte Ordnung, der wir Sicherheit und Kontinuität verdanken, ist gestört. Wir haben die Pflicht, zum Wohl unseres geliebten Vaterlandes das Menschenmöglichste zu tun, diese alte Ordnung, Ruhe und Sicherheit wiederherzustellen. Dazu wird es eines Druckes bedürfen, der sonst nicht üblich ist. Außerordentliche Zeiten verlangen aber außerordentliche Maßnahmen. – Ich werde ein Memorandum verfassen, in dem wir Seiner Majestät auseinandersetzen, warum seine Minister die Entfernung der Tänzerin Lola Montez verlangen. Zur besonderen Unterstreichung unserer Forderung werde ich die Demission des gesamten Kabinetts anbieten. Dann soll der König wählen: Uns oder die Tänzerin! Ich danke Ihnen, meine Herren.

Lichtwechsel

12. Bild „Absetzen"

Arbeitszimmer des Königs. Der König und Lola.

KÖNIG: Na, das wird wieder Geschichten geben. Mit dem Gemälde da.

LOLA: *off* Warum?

KÖNIG: Na, ich wollt's dem Nationalmuseum geben, aber der Kultusminister ist dagegen. Dann wollt' ich's in der Nationalbibliothek aufhängen lassen, aber der Direktor von der Universität ist dagegen. Er meint, es hätte erzieherisch kein' großen Wert. Ja, und dann wollt' ich's im Foyer des Nationaltheaters aufstellen lassen, aber der Intendant, der Generalintendant, protestiert, und der Erzbischof auch. Ja, also ich weiß wirklich nicht, was ich jetzt machen soll.

Lola kommt herein.

LOLA: Absetzen.

KÖNIG: *setzt das Bild ab*

LOLA: Ich meine den Kultusminister, den Direktor der Universität, den Intendant des Theaters, den Bischof und den Polizeidirektor.

KÖNIG: Hat der Dir auch etwas getan?

LOLA: Er hat mich zu einer polizeilichen Vernehmung vorgeladen!

KÖNIG: Schon wieder wegen einer Ohrfeige?

LOLA: Nein, weil mein Hund auf einen Briefträger losgegangen ist.

Lichtwechsel

13. Bild „Vorladung"

Polizeipräsidium. Polizeipräsident von Pechmann und Lola.

LOLA: Ich bin begierig zu hören, was der Münchner Polizeipräsident von mir wünscht.

VON PECHMANN: Wissen Sie, Madame, was diese Akte enthält?

LOLA: Das kann ich mir ungefähr denken. Unzucht mit dem Bayern-König, Beleidigungen der ehrbaren Münchner Bürgerschaft, Übertretungen der Polizeivorschriften, „abgewatschte" Briefträger und was der Lächerlichkeiten mehr sind.

VON PECHMANN: Nichts dergleichen.

LOLA: Das überrascht mich aber doch ein wenig.

VON PECHMANN: Wir könnten Sie wegen dieser „Delikte" noch nicht einmal vor Gericht stellen, weil es Sie in diesem Land offiziell noch nicht einmal gibt. Sie sind, wenn ich mich so ausdrücken darf, weniger als nichts.

LOLA: *ironisch* Weniger als nichts. Von meinem Turk sagt man wenigstens, dass er ein Hund ist.

VON PECHMANN: Vielleicht auch deshalb, weil er hat, was Ihnen fehlt: Papiere!

LOLA: Die gefälscht sein könnten.

VON PECHMANN: Ein Rassehund ist von einem Straßenköter sehr leicht zu unterscheiden.

LOLA: *ironisch* Wofür Sie ein gutes Beispiel abgeben.

VON PECHMANN: Ich wollte damit nur sagen, dass in Bayern auch das letzte Straßenmädchen eine Bürgerin dieses Landes ist, wenn ihre bayerische Herkunft einwandfrei erwiesen ist!

LOLA: Demnach bin ich also weniger als ein Straßenmädchen.

VON PECHMANN: Ich kann Ihrer raschen Auffassungsgabe nicht widersprechen.

LOLA: Genug der Freundlichkeiten. Warum haben Sie mich herbestellt?

VON PECHMANN: Der König wünscht mit aller Macht Ihre Einbürgerung.

LOLA: Wünscht? Befiehlt!

VON PECHMANN: Als Beamter des Königreichs gilt: Des Königs Wunsch ist auch Befehl. Er muss aber mit der Verfassung zu vereinbaren sein.

LOLA: Sie machen mich sehr neugierig.

VON PECHMANN: Nach den Erhebungen der Polizei sind Sie keine Spanierin und schon gar nicht adelig. Die Wahrheit ist: Sie wurden als uneheliches Kind geboren, was bei uns in Bayern ziemlich verpönt ist. Erschwerend kommt hinzu, dass Ihr Vater unbekannt ist. Ganz schlimm wird's, wenn das uneheliche Kind eines unbekannten Vaters von einer Kreolin geboren wurde. Mit Verlaub, Madame, mit solchen Vorgaben werden Sie in Bayern nicht mehr als Mensch gesehen. An dieser Einschätzung kann auch der König nicht vorbei. Trotzdem, Madame, haben Sie Glück; denn in Bayern gilt der eherne Grundsatz: Hast Du was, bist Du was, da spielt der Charakter des einzelnen überhaupt keine Rolle. Voraussetzung ist allerdings, dass das, was einem gehört, auch verbrieft ist. Lassen Sie sich also in München ein Haus schenken, Verehrer haben Sie ja genug.

LOLA: Der König war bereits so freundlich.

VON PECHMANN: Das kann auch eine Bruchbude sein. *Merkt erst jetzt, was Lola ihm da eröffnet hat.*

LOLA: Das Palais in der Barerstraße ist zwar keine Bruchbude, aber renovierungsbedürftig.

VON PECHMANN: *stutzt* Egal, Hauptsache ist, dass das Häuserl auf Ihren Namen ins Münchner Grundbuch eingetragen wird. Damit sind Sie in Bayern automatisch eingebürgert. Im Vorfeld müssten Sie allerdings eine schriftliche Erklärung abgeben. Eine reine Vorsichtsmaßnahme.

LOLA: Der berühmte Haken also.

VON PECHMANN: Egel wo und durch wen Sie Hausbesitzerin werden: In dem Haus dürfen keine unzüchtigen Handlungen vorgenommen werden, wenn Sie verstehen, was ich meine.

14. Bild „Misstrauen"

Arbeitszimmer des Königs. König und Lola.

KÖNIG: *überreicht Lola ein Dossier.* Lolitta, ich weiß nicht mehr, was ich denken soll, geschweige denn sagen. *Aus dem Papier ableitend* Meine Lolitta versucht in München ein Freudenhaus zu eröffnen.

LOLA: Dieser Straßenköter, dieser windige Straßenköter! *liest das Dossier* Infamie! Infamie! Infamie! *Zum König* Und das glauben Sie, Sire? Das also ist die Liebe, das also ist das Vertrauen, das also ist der Schutz meines Königs?

KÖNIG: Lolitta!

LOLA: Man wagt es, Ihnen eine so plumpe, gemeine Behauptung vorzusetzen, und Sie durchschauen diesen infamen Schwindel nicht?

KÖNIG: Meine Lolitta!

LOLA: Ohne mich zu hören, verurteilen Sie mich?

KÖNIG: *hebt abwehrend die Hand* Nein, das wollte ich nicht!

LOLA: Selten hat es in der Geschichte eine große Frau gegeben, deren Name nicht mit einem Skandal in Verbindung gebracht worden ist. Die Königin Elisabeth von England, Margarete von Anjou, Katharina von Russland, Christine von Schweden, Kaiserin Josephine bis zur armen Jeanne d'Arc und zu fast allen berühmten Frauen in der Antike – ihnen allen bereitete die Geschichtsschreibung ein ähnliches Schicksal. Man übte an ihrem Leben ungerechte harte Kritik, während so viele große Männer trotz all ihren Fehlern makellos in die Historie eingingen. Ich nehme an, dass die Welt sicherlich keinen hohen Grad von Moralität im Leben der berühmten Männer erwartet. Aber die Frauen! Ah! Sie sollen Heilige sein. Well, so soll sie also sein, die Frau, ohne Fehl und Tadel, dem Manne das Monopol auf die Sünden der Welt überlassend. Nicht einen Tag länger bleibe ich in dieser Stadt! Ich packe meine Sachen und verlasse München! Augenblicklich!

KÖNIG: *windet sich erbärmlich wie ein räudiger Hund* Nein! Verlass mich nicht! Lola! Lola! Lola!

LOLA: Es fällt mir schwer, das jetzt noch zu glauben.

KÖNIG: Wenn Du wüsstest, wie sehr ich Dich liebe, Lolitta, meine liebe Lolitta: Verzeih mir, dass ich nur eine Sekunde zweifeln konnte.

LOLA: Es ist diesen Pharisäern gelungen, Dich zu überrumpeln. *zitiert fassungslos aus dem Dossier* „Frau Montez hat sich ausdrücklich geweigert, eine Unterschrift unter eine Erklärung zu leisten, die zur Aufrechterhaltung der Moral in dieser Stadt auffordert." Mir sind die Urheber dieser Gemeinheit bekannt, und hinter allem steckt die treibende Kraft der Kirche, von Diepenbrock an der Spitze bis zu diesen Jesuiten. Und dieser Pechmann als ihr widerlicher Handlanger! Ich wünsche die Entlassung dieses „Pechmanns"!

Lichtwechsel

15. Bild „Landshuter Frischluft"

Arbeitszimmer des Königs. König und Polizeidirektor von Pechmann.

KÖNIG: Nun, mein lieber von Pechmann. Was spricht man denn im Volk, und anderswo?

VON PECHMANN: *öffnet seine Akte.*

KÖNIG: Keine Zeit jetzt für Ihre Akten. Erklären Sie mir, warum Sie Frau Montez auf diese Weise verunglimpfen wollten!

VON PECHMANN: Majestät ...

KÖNIG: Wie bitte? Höre ich recht! Sagten Sie Majestät?

VON PECHMANN: Sehr wohl, Eure Majestät!

KÖNIG: Umso mehr bin ich erstaunt, dass Ihnen das Wohl des Königs so wenig gilt!

VON PECHMANN: Majestät. Die Sorge um das Land. Das Volk liebt Eure Majestät.

KÖNIG: Sie waren in Landshut, ehe ich Sie hierher nach München berief? Ist eine gute Luft in Landshut?

VON PECHMANN: Oh ja, oh ja!

KÖNIG: Das freut mich zu hören. Grüßen Sie mir also Landshut. Die Luft dort wird Ihnen sicher gut tun.

Lichtwechsel

16. Bild „Ich bin kein Pferd, kein Hund, kein Clown, kein Zirkusaffe."

Wohnung Lola. Lola und von Berks.

VON BERKS: *legt ihr die Zeitungsausschnitte mit den Schmähartikeln vor.*

LOLA: Der Neid und die Jesuiten! *Wirbelt die Drucksachen durcheinander* Der König weiß, dass ich verschwenderisch lebe; ich mache ihm kein Hehl daraus. Er sorgt dafür, dass meine Kasse stets gefüllt bleibt. Hat sich das Land deshalb zu beklagen? Kommt durch meinen Aufwand nicht Geld unter die Menschen? Verdienen nicht alle an mir? Besonders diese verdammten Zeitungen? Wahrhaftig, eine Atlasrobe und ein Silberservice kann ein Land wie Bayern doch nicht mit Schulden belasten.

VON BERKS: In Zeiten der allgemeinen Verelendung und Hungersnot wird jedes Geschenk des Königs an seine Geliebte als Provokation empfunden. Dazu gehört auch der Wunsch des Königs, Sie mit dem Indigenat auszustatten.

LOLA: Ich bin nicht die Geliebte des Königs! Ich bin seine Mätresse! Erfordert ein kleines Haus in der Barerstraße so viel Aufwand, dass die Leute dem König vorhalten dürfen: Sire, dieses Luder ist ein teures Kabinettstück, um dessentwillen das Land an den Bettelstab kommt, wenn sie eingebürgert wird.

VON BERKS: Madame.

LOLA: Ja, wenn ich den König zu überreden versucht hätte, die Jesuiten-Klöster zu vermehren, wenn ich den König ermuntert hätte, den Klerikalen in den Hintern zu kriechen, dann würden diese Brüder zu meinen Ehren eine Kapelle bauen lassen und nach meinem Namen benennen.

VON BERKS: Pardon.

LOLA: Man hat über Verschwendung geklagt und dem König vorgeworfen, dass er Paläste verschenkt, Pensionen zahlt und Geld nach Griechenland schickt. Und seine

Herren Minister wissen nicht, welche Antwort den Lästermäulern gebührt? Zum Teufel mit diesen Herren Ministern, zum Teufel mit diesen Universitäts-Professoren, die allesamt vergessen haben, wem sie verpflichtet sind.

VON BERKS: Lola, ich bitte Sie.

LOLA: Warum, Herr Staatsrat, sagen Sie das den Undankbaren nicht, statt mir schöne Augen zu machen, und mich zu bitten, in Lederhosen Schuhplattler zu tanzen.

VON BERKS: Lola, ich muss Sie bitten.

LOLA: Die Münchener mögen vor der eigenen Türe kehren. Könnte man ihnen nicht ebenso gut beweisen, dass die „Bavaria" auf dieser „Wies'n" überflüssig und daher Verschwendung ist, und dass die Mittel zu ihrer Fertigstellung besser für andere Dinge angewendet würden? Und was meinen die wackeren Herren, wofür der König sein ansehnliches Einkommen bereithalten soll? Für Schmarotzer, die um so unverschämter werden, je mehr sie erhalten? Oder für Nachtmützen, Würdenträger und Jesuiten? Oder für bayrisches Bier?

VON BERKS: Ich bin verrückt nach Ihnen Lola, ich muss, bitte, geben Sie mir die Peitsche.

LOLA: Ist es wieder so weit.

VON BERKS: *geil* Ja, ja! *Lola schlägt ihn.*

LOLA: Auf die Knie.

VON BERKS *geht auf die Knie* Ich liebe Sie.

LOLA: *schlägt ihn* Gut? Mehr.

VON BERKS: *nickt* Ich bin kein Pferd, kein Hund, kein Clown, kein Zirkusaffe.

LOLA: *schlägt ihn.*

VON BERKS: Ich bin kein Pferd, kein Hund, kein Clown, kein Zirkusaffe.

LOLA: *Hält ihm die Peitsche hin*
Springen Sie!

VON BERKS: *steht auf, springt über die Reitpeitsche* Ich bin kein Pferd, kein Hund, kein Clown, kein Zirkusaffe.

LOLA: *schlägt ihn.*

VON BERKS; Ich bin kein Pferd, kein Hund, kein Clown, kein Zirkusaffe.

LOLA: Hoppla, hopp.

VON BERKS: *springt über die Reitpeitsche* Ich bin kein Pferd, kein Hund, kein Clown, kein Zirkusaffe.

Lichtwechsel

17. Bild „Haben Sie das geschrieben?"

Arbeitszimmer des Königs. König, Minister von Abel.

KÖNIG: Haben Sie das geschrieben?

MINISTER VON ABEL: *wirft einen Blick auf die Blätter.*
Jawohl, Majestät. Nach reiflicher Überlegung gemeinsam mit der ganzen Regierung verfasst.

KÖNIG: Das Übel erreicht seinen Gipfel, wenn es verkehrten Gemütern gelingt, den Regenten zu bereden, dass sein Interesse von dem Interesse seiner Untergebenen verschieden sei. *Ludwig entfaltet das Schriftstück.* „... weil Bayern sich von einer Fremden, deren Ruf in der öffentlichen Meinung gebrandmarkt ist, regiert glaubt ..." *Er sieht von dem Papier auf.* Herr von Abel, ist das Ihre Meinung?

MINISTER VON ABEL: Majestät, die Volksstimmung ...

KÖNIG: *scharf* Die Sie in Ihren Blättern machen!

MINISTER VON ABEL: Majestät, das Volkswohl gebietet ...

KÖNIG: *ironisch* Seit wann sind Sie darum besorgt?

MINISTER VON ABEL: Das königliche Haus ...

KÖNIG: *brutal* Schert Sie einen Schmarren. Ist dies das einzige Exemplar Ihrer Niederträchtigkeit? Hören Sie gut zu, Herr Minister von Abel! Ist dies in meinen Händen befindliche, das einzige Exemplar!?

MINISTER VON ABEL: Das einzige, Majestät.

KÖNIG: Kein Ehrenblatt in der Geschichte. *Er zerreißt das Memorandum und wirft es Abel vor die Füße.* Ich will Ihnen trotz allem eine Chance geben. Dieses Machwerk habe ich nicht zur Kenntnis genommen, es wäre auch besser, wenn es nicht in die Historie einginge. Sie haben vierundzwanzig Stunden Zeit, es zurückzuziehen.

Lichtwechsel

18. Bild „Lauschangriff"

Beichtstuhl. Bischof Diepenbrock und Polizeipräsident von Pechstein.

VON PECHSTEIN: Eigentlich sollte ich in Landshut sein. Herr im Himmel, wenn mich einer sieht. Sind wir hier sicher?

BISCHOF DIEPENBROCK: Im Beichtstuhl lauscht nur einer: Gott höchstpersönlich.

VON PECHSTEIN: Das Dossier ist voller Pikanterie. Dennoch wird es auf den König keinen sonderlichen Eindruck machen. Na gut: Es enthält Dinge. Mein Gott: Halb Europa ist auf ihr entlang gerutscht. Bei den Russen angefangen bis zu unserm Franzl, dem guten Liszt.

BISCHOF DIEPENBROCK: Umso dringlicher muss sie aus Ludwigs Nähe entfernt werden. Stellen Sie sich vor: Sie lässt sich vom König schwängern. Am Ende will er diese Hure noch ehelichen.

VON PECHSTEIN: Es gibt verschiedene Methoden, das zu verhindern. Ihre Ermordung wäre eine davon.

BISCHOF DIEPENBROCK: *bekreuzigt sich* Gott sei ihrer Seele gnädig.

VON PECHSTEIN: Nicht so hastig. Mord, das wäre die einfachste Lösung, aber auch die schlechteste.

BISCHOF DIEPENBROCK: Ja, das ist wahr. Der König würde bis zum Jüngsten Tag nach dem Mörder fahnden lassen. Intelligenter wäre ein vorgetäuschter Unfall oder so etwas ähnliches.

VON PECHSTEIN: *lacht* Ja, Ja, ihre Kutsche prallt mit überhöhter Geschwindigkeit an einen Brückenpfeiler. Nein, nein, ihr Tod würde den König in jedem Fall misstrauisch machen, das könnte für die Polizei und auch für die Kirche sehr peinlich werden.

BISCHOF DIEPENBROCK: Wahrscheinlich haben Sie recht.

VON PECHSTEIN: Es geht hier nicht um recht haben, sondern um das Herausfinden der unverfänglichsten Methode. Was dieser Dame fehlt, ist junges Blut.

BISCHOF DIEPENBROCK: Junges Blut? *bekreuzigt sich* Um Gottes Willen! Trinkt sie Blut?

VON PECHSTEIN: Nein, so weit geht ihre Studentenliebe nicht.

BISCHOF DIEPENBROCK: Aha, Studenten. Davon gibt's ja in München ganze Hundertschaften.

VON PECHSTEIN: Einer genügt. Ihr Interesse erregt zurzeit ein junger Bursche, der diese „spanische Fliege" lieber heute als morgen massakrieren möchte. Weiß der Teufel warum: Lola Montez bittet ausdrücklich darum, seine Bekanntschaft zu machen.

Lichtwechsel.

19. Bild „Die Demission des Kabinetts ist angenommen."

Arbeitszimmer des Königs. König und von Abel.

Der König faltet ein Zeitungsblatt zusammen, das er Abel vorgehalten hat, der blass und steif vor dem Schreibtisch steht.

KÖNIG: Sie sehen, Herr Minister, es war also doch nicht das einzige Exemplar des Memorandums.

Abel mimt den Bestürzten.

MINISTER VON ABEL Ich bin untröstlich. Es ist mir unbegreiflich.

KÖNIG: Mir nicht! So also beruhigt man das Volk. Und so hält man seinem König die Treue. Ich aber sage Ihnen, das Volk liebt seinen König. Und der König lässt sich nicht zwingen, das sollten Sie wissen. Auch nicht mit solchen Mitteln. Die Demission des Kabinetts ist angenommen.

MINISTER VON ABEL: *weicht entsetzt zurück* Majestät! Ihre treuesten Diener …

Der König macht eine abschließende, jedes weitere Wort verbietende Handbewegung.

KÖNIG: Ist an-ge-nom-men!

Lichtwechsel

20. Bild „Aber wenn eine Kurtisane nötig wäre."

Englischer Garten. Student Nürnberger. Der Unbekannte und von Pechstein.

NÜRNBERGER: *auf einem Hocker stehend, Schaum vor dem Mund* Volksleben, Freiheit, höhere Rechte wollen errungen sein und gerade darin, dass man sie erringt, liegt die Bürgschaft, dass man sie verdient, zu schätzen und dereinst zu benutzen weiß. Aber wenn eine Kurtisane nötig wäre, um das Volk zu befreien, so wollen wir lieber, dass es nicht frei wäre, jedenfalls, dass die Freiheit solange aufgeschoben bleibe, bis es dieser Hilfe nicht mehr bedarf, um sie zu erzwingen.

Lichtwechsel

Der Unbekannte und von Pechstein werden sichtbar.

DER UNBEKANNTE: Wie oft macht er das?

VON PECHSTEIN: Drei Mal am Tag. 11, 14 und 17 Uhr.

DER UNBEKANNTE: Verrückt?

VON PECHSTEIN: Fundamentalist.

DER UNBEKANNTE: Katholisch?

VON PECHSTEIN: Schlimmer.

DER UNBEKANNTE: Moslem?

VON PECHSTEIN: Noch schlimmer. Vater Katholik, Mutter Muslime.

DER UNBEKANNTE: Fantastisch. Verbindung?

VON PECHSTEIN: Cheruskia-Korps.

DER UNBEKANNTE: Name?

VON PECHSTEIN: Nürnberger. Franz Joseph.

DER UNBEKANNTE: Wird er sie töten?

VON PECHSTEIN: Wenn nicht der, dann keiner.

DER UNBEKANNTE: Sicher?

VON PECHSTEIN: Absolut sicher.

DER UNBEKANNTE: Verhaftung?

VON PECHSTEIN: Morgen. Aktion „Agnes Bernauer".

DER UNBEKANNTE: Wo?

VON PECHSTEIN: Hier, an dieser Stelle. Anschließend Verhör, dann Vorführung bei der Montez.

Lichtwechsel

Englischer Garten. Student Nürnberger, dazu zwei Polizisten.

NÜRNBERGER: Ich verdamme keine Hure, aber ich würde ungehört einen Schandbuben verdammen, der, solange er auch nur noch betteln könnte, mit einer Hure ihren Lohn teilte und in ihm seine Faulheit mästete. Ich bin kein Blutmensch, aber, beim Himmel, wenn es keine andere Wahl gibt für mein Volk, um zur Freiheit, zur Volkswürde, zu Menschenrechten zu gelangen, als Blut oder den schnöden Lasterkot des unverdienten Lohnes eines Maquereau – so will ich Blut, Blut bis an die Knöchel.

Aus dem Schnürboden fällt ein Dolch. Er bleibt im Boden stecken. Nürnberger steigt vom Hocker, hebt ihn auf, betrachtet ihn, steckt ihn ein. Zwei Polizisten gehen auf ihn zu und verhaften ihn.

Lichtwechsel

21. Bild „Verführungskunst"

Lolas Palais. Nussbaumer, Lola, Student Nürnberger, zwei Polizisten.

Student Nürnberger wird in Begleitung von Nussbaumer und zwei Polizisten hereingeführt.

NUSSBAUMER: Gräfin, hier ist er, der Hetzer, nach dem Sie so ausdrücklich verlangt haben.

LOLA: Das also ist Herr Nürnberger, der große Moralist. Was sehe ich da. Binden Sie ihn los.

NUSSBAUMER: Völlig ausgeschlossen. Der Mann ist zu allem fähig.

LOLA: Ich sagte: Binden Sie ihn los!

NUSSBAUMER Auf ihre eigene Verantwortung!

Seine Hände kommen frei. Nichts passiert.

LOLA: Und jetzt, Nussbaumer, lassen Sie mich mit ihm allein.

NUSSBAUMER: Gnädigste, das ist unmöglich. Der Mann hat Ihre Ermordung wiederholt angekündigt.

LOLA: Deshalb möchte ich mit ihm allein sein.

NUSSBAUMER: Der König selbst hat mich zu Ihrem Schutz hierher befohlen.

LOLA: In meinem Haus befehle ich, was zu geschehen hat. Wenn Sie um mich Angst haben, dann gehen Sie auf die Toilette, dort können Sie in die Hosen machen, aber jetzt möchte ich mit Herrn Nürnberger allein sein!

NÜRNBERGER: *lacht schallend los.*

NUSSBAUMER: Der Mann ist nicht zurechnungsfähig! *zum Polizisten* Zeigen Sie der Gräfin das Messer, das Sie ihm abgenommen haben.

Polizist zeigt es.

LOLA: Geben Sie es mir!

NUSSBAUMER: Madame, das ist unverantwortlich.

LOLA: Los, machen Sie, geben Sie mir das Messer!

Polizist gibt ihr das Messer.

LOLA: Und nun verschwinden Sie, meine Herren.

Die Polizisten verlassen irritiert den Raum.

LOLA: Herr Nussbaumer, Sie auch. Zweite Tür links, die erste rechts, dort können Sie Ihr Geschäft verrichten.

NÜRNBERGER: *schreit vor Lachen.*

NUSSBAUMER: *geht völlig verunsichert ab.*

LOLA: So, jetzt sind wir allein. – Ganz München haben Sie wissen lassen, dass Sie es auf meine *auf fränkisch* „Knöcherle" abgesehen haben. *hält ihm das „Knöcherle" vor das Gesicht* Sind Sie doch so nett und wiederholen Sie, wie Sie mich massakrieren wollen.

NÜRNBERGER: *schweigt.*

LOLA: Können Sie sich nicht mehr daran erinnern?

NÜRNBERGER: Doch.

LOLA: Wunderbar. Dann sagen Sie es mir, von Angesicht zu Angesicht, falls Sie heute keinen Appetit auf „Knöcherle" haben, bitte.

NÜRNBERGER: Warum? Steht alles im Polizeiprotokoll. Lesen Sie es nach.

LOLA: Ach, Polizeiprotokoll, wie langweilig. Ich möchte, dass Sie es mir ins Gesicht sagen. *Lolas Gesicht kommt seinem langsam näher* So, jetzt wiederholen Sie es noch einmal. Ganz leise, bitte, noch einmal. Niemand wird es hören. Außer mir, ganz allein. *Sie küsst sein Ohrläppchen* Sie sagen ja nichts? Hier, das Messer *reicht ihm das Messer zurück* gehört Ihnen.

NÜRNBERGER: Ich ...

LOLA: Nehmen Sie schon.

NÜRNBERGER: *nimmt es.*

LOLA: *flüstert* Also, ich höre.

NÜRNBERGER: *hilflos* Ich, ich, lassen Sie mich abführen.

LOLA: Ich besitze kein Abführmittel. *verführerisch* Bitte, sagen Sie es mir, in mein Öhrchen.

NÜRNBERGER: *trotzig* Wenn mich der Richter ins Verhör nimmt, werd' ich sagen, was ich zu sagen habe, hier nicht.

LOLA: *küsst ihn* Richter? *küsst ihn* Ich bin Richter, ich sage dem König, was Recht ist und was nicht!

NÜRNBERGER: *wütend* Schämen sollten Sie sich, ja schämen. *er hebt das Messer hoch*

LOLA: Los, stechen Sie zu. Hier ist mein Hals! Ist er nicht lang genug? Los, machen Sie schon.

NÜRNBERGER: *lässt das Messer sinken*

LOLA: Herr Nürnberger, haben Sie vergessen, was Sie noch vor wenigen Stunden in die Welt hinausgeschrien haben? Also machen Sie schon: Ich bin nichts weiter als eine Hure, die das Vermögen des Königs aus dem Fenster schmeißt?

NÜRNBERGER: Wissen Sie, was Sie Bayern zugefügt haben?

LOLA: Ein Grund mehr, mich abzustechen! Die Bayern werden Ihnen ein Denkmal setzen! Sie werden der berühmteste Messerstecher im Königreich sein, ach was, Sie werden in die Geschichte eingehen.

NÜRNBERGER: Ich spreche nicht nur für mich. Das ist die Meinung der gesamten Studentenschaft.

LOLA: Seit wann haben Studenten eine Meinung. Dummkopf, ich dachte, Du wärest ein bisschen klüger.

NÜRNBERGER: Sagen Sie das noch einmal *lässt das Messer fallen* und ich zerbrech' Ihnen den Arm.

LOLA: Dummkopf!

NÜRNBERGER: Was? *hebt die Faust* Oh, Sie, Sie …

LOLA: Schlagen Sie zu, mein Freund?

NÜRNBERGER: *lässt den Arm sinken.*

LOLA: *lächelnd* Nein, Sie sind nicht dumm, Sie sind sehr vernünftig. Ich hätte zurückgeschlagen. Sie glauben nicht? Oh, ich schlage so gut, so gut wie ich tanze. *Sie tanzt* Kommen Sie zu mir heute Abend! Haben Sie gehört, kommen Sie zu mir.

NÜRNBERGER: Das werden mir die Cherusker nie verzeihen. Das Studenten Korps hasst Sie wie die Pest.

LOLA: Was schert mich der Hass der Cherusker. Sie müssen zu mir kommen! Sie gefallen mir. Sie haben Mut.

NÜRNBERGER: Lola, ich bitte Sie. Was machen Sie mit mir. Oh, Gott, ich werde wahnsinnig, ich bin verrückt nach Ihnen! *Es kommt zu einem heftigen Gerangel.* Ich, Gott im Himmel!

LOLA: *lässt nicht locker* Merkst du's jetzt? Fühlst du's? Es gibt kein Zurück mehr.

NÜRNBERGER: *völlig hilflos* Sagen Sie mir, was ich tun soll.

LOLA: Ich? Nein! Du weißt sehr viel besser, was für Dich gut ist.

NÜRNBERGER: *Geht ihr an die Wäsche.*

LOLA: Nicht so, nicht hier. Geduld, Geduld mein Lieber. *lächelnd* Nussbaumer ist sehr eifersüchtig und sehr indiskret. *läutet.*

NUSSBAUMER: *kommt hereingestürzt* Madame, alles in Ordnung?

LOLA: In allerbester Ordnung. Herr Nürnberger ist ein freier Mann. Sorgen Sie dafür, dass er unbehelligt das Palais verlassen kann. Also, bis morgen, mein Freund.

NÜRNBERGER: *geht gebeugt ab, um sein gewölbtes Hosentürchen zu verbergen.*

LOLA: Ach, Adjutant Nussbaumer, was ich noch sagen wollte:

Ich wünsche Sie gleich noch einmal zu sehen, ich hoffe, Sie haben noch ein wenig Zeit für mich.

NUSSBAUMER: Sehr wohl, Madame.

LOLA: *singt* Auf ins Paradies, das die Liebe schuf.

Lichtwechsel

Zwischenbild: „Lola Montez, leider Gottes noch die Unsere."

Drei Bettler.

DREI BETTLER: *liturgischer Sprechgesang.*

Lola Montez, leider Gottes noch die Unsere, die Du das Volk nennst Kanaille, und die Du selbst eine Kanaille bist, Du Verpesterin der Ruhe und Ordnung, der Sitte und Zucht, des Vertrauens und der Liebe, Du Teufel ohne Hörner und Schweif, aber mit sonst allen Teufelskünsten und Attributen, Du Babylonische, verwünscht sei dein Name, zerrissen dein Adelsbrief, verdammt bist Du von den Guten und den Schlechten, mach Dir also keine Müh', komm und lass Dich totschlagen, dass wir erlöst sind von Dir und allen dran hängenden Übeln. Amen.

Lichtwechsel

22. Bild „Sire, lassen Sie mich ziehen."

Palais Lola. König und Lola.

LOLA: Sire, lassen Sie mich ziehen!

Wirft die Karikaturen und andere Schmähschriften durch den Raum. Der König umarmt sie.

KÖNIG: Lolitta! Nur die Liebe ist verloren, die man aufgibt!

LOLA: Ich will nicht zwischen Ihnen und dem Willen dieses Volkes stehen.

KÖNIG: Der Wille des Volkes – bin ich!

LOLA: Lassen Sie mich gehen, freiwillig, ehe ich muss.

KÖNIG: Lolitta! Ich flehe Sie an: Nichts ist erbärmlicher als die Resignation, die zu früh kommt.

LOLA: Es ist mein Fluch, es ist mein Schicksal, rastlos zu wandern bis an mein Ende.

KÖNIG: Der Zug des Herzens ist des Schicksals Stimme.

LOLA: Und meine Stimme sagt mir: das Schicksal mischt die Karten gegen uns, darum entlassen Sie mich jetzt!

KÖNIG: Ebenso gut könnte ich mich selbst entlassen – aus diesem Leben. Bleiben Sie in München. Bleiben Sie bei mir, ich flehe Sie an. Ich liebe Sie, ich liebe Sie.

LOLA: Welch Glück, geliebt zu werden und zu lieben, Götter, welch ein Glück. Sire, Sie verlangen, dass ich bleiben soll.

KÖNIG: Ich werde Sie dafür ewig lieben.

LOLA: Vorsicht, Sire: Wenn ein Mann einer Frau verspricht, sie ewig zu lieben, dann setzt er voraus, dass sie immer liebenswert bleiben wird.

Lichtwechsel

23. Bild „Peissingers Abbitte"

Straße. Die Studenten Nürnberger und Peissinger.

NÜRNBERGER: Ah so, der Herr Peissinger! Den hätt' ich ja bald vergessen, vor Lauter … Nun, es sind eigene Verhältnisse, unter denen wir uns wiedersehen.

PEISSINGER: Gewiss. Du warst einmal ein ehrlicher Cherusker, der brav seine Farben verteidigt hat, jetzt bist Du ein schuftiger Alemanne, um nicht zu sagen, dank Lolas allzeit bereiter Geilheit: nunmehr Lolamanne.

NÜRNBERGER: Ich muss Dich bitten, keine Unverschämtheit. Ich warne Dich. Was hast Du hier zu suchen?

PEISSINGER: Ich muss Abbitte leisten – bei der Gräfin Landsfeld.

NÜRNBERGER: Was? Du? Du willst Abbitte leisten bei der Montez?

PEISSINGER: Dazu bin ich verurteilt. Von höchster Stelle.

NÜRNBERGER: Abbitte leisten – für den Krawall, den Du mit den Studenten in der Uni gestern aufgeführt hast?

PEISSINGER: Abbitte leisten für das, was ich in der Aula zu den Studenten gesagt habe. Ich hab bloß wiederholt, was Du neulich öffentlich gesagt hast, als Du noch Cherusker warst. *fränkisch* „So will ich Blut, Blut bis auf das Knöcherle."

NÜRNBERGER: Peissinger, Du Drecksau, ich trau' Dir nicht über den Weg.

PEISSINGER: Warum? Hast Angst, dass mich die „Gräfin Mannsfeld" in ihr Schlangenbett ziehen könnte, weil Du dem martialischen Mannweib nicht genügst?

NÜRNBERGER: Das hättest Du jetzt nicht sagen dürfen. *Gibt Peissinger eine Ohrfeige.*

PEISSINGER: Du hast schon viel gelernt, von deiner spanischen Fliege. Ich sag meine Meinung und Du haust mir eine runter. Das wird Dir noch einmal sauer aufstoßen, das versprech' ich Dir.

NÜRNBERGER: Mein lieber Peissinger, Dir und den Professoren wird noch etwas ganz anderes aufstoßen: Die Uni wird geschlossen. – Gell, da sagst nichts mehr.

PEISSINGER: Was? Sag das nochmals.

NÜRNBERGER: Die Universität in München wird geschlossen!

PEISSINGER: Das darf nicht wahr sein.

NÜRNBERGER: Auch wenn's noch nicht amtlich ist: Das Dekret geht noch heute an den Rektor. Und soll ich Dir noch etwas verraten? Studenten, die nicht aus München stammen, müssen die Stadt binnen vierundzwanzig Stunden verlassen. Du kannst also jetzt schon mal deine Koffer packen

PEISSINGER: Ist das wahr, wirklich wahr?

NÜRNBERGER: So wahr wie das Amen in der Kirche. Du darfst heim, nach Passau, heim zu deiner Muttern.

PEISSINGER: Und Du nach Mögeldorf.

NÜRNBERGER: Irrtum, mein lieber Peissinger: Ich und das Korps der „Lolamannen" dürfen in München bleiben. Dank unserer Schirmherrin, der Gräfin von Landsfeld.

PEISSINGER: So also ist das. Wir sollen Mörtel tragen, wir sollen Stiefel putzen, Lumpen sammeln – und dieses Lolamannen-Geschmeiß darf in München mit der Gräfin Kommers feiern.

NÜRNBERGER: *in frechem Ton singend* Peissinger, der Cheruskerfürscht, handelt jetzt mit Leberwürscht.

PEISSINGER: Das Werk einer Königsschnake. Solange hat sie auf den Ludwig eingestochen, bis der ganz offenkundig den Verstand verloren hat.

NÜRNBERGER: Du redest Dich um Kopf und Kragen.

PEISSINGER: Diese Gottesgeißel, diese Dirne! Diese babylonische Hure bringt uns an den Rand des Verderbens.

NÜRNBERGER: Und Du bist gekommen, um Abbitte zu leisten?

PEISSINGER: Ich werde Sie auf meine Weise um Verzeihung bitten, verlass Dich darauf, Nürnberger, verlass Dich darauf!

Lichtwechsel

24. Bild: „Halten sie mich für verrückt?"

Lolas Palais. Lola und Alexandra.

ALEXANDRA: Kein Mensch weiß, dass ich hier bei Ihnen bin, Max würde mir den Kopf abreißen. Er hat es überhaupt nicht gern, wenn ich allein spazieren gehe. Aber der Papa macht das doch auch, er mischt sich ständig unters Volk, warum sollte ich das nicht auch tun dürfen?

LOLA: Weil wir Frauen sind, Königliche Hoheit. Und Frauen sind nun einmal mindere Geschöpfe. Das hat der liebe Gott persönlich so bestimmt, indem er Eva aus einer Rippe erschuf.

ALEXANDRA: Madame, Sie sollten sich über den lieben Gott nicht lustig machen. Das macht mir Angst.

LOLA: Erschrecken Sie nicht, Prinzessin, über mein loses Mundwerk. Ich rede manchmal dummes Zeug, und alle Welt nimmt das als bare Münze. Die Münchner haben zu wenig Humor.

ALEXANDRA: Madame, ich verehre Sie sehr, es kränkt mich, wenn die Leute über Sie und meinen Vater Schlimmes sagen.

LOLA: Es sind nicht die „Leute", die schlecht über uns denken: es ist das Aufgehetzte in ihnen, was sie so boshaft reden lässt.

ALEXANDRA: Sie sind so wunderschön. Sie sind doch kein Dämon, Sie sind doch nicht Satans Braut, und mein Papa ist doch kein Teufel mit Bocksfüßen, der Ihnen die Krone überreicht.

LOLA: Ach Du lieber Gott, Prinzessin, Sie meinen diese Kritzeleien, die sich irgendwelche Papierverschmutzer ausgedacht haben.

ALEXANDRA: Ich verstehe meinen Bruder Max nicht, dass er sich an solchen Bildern ergötzen kann. *weint bitterlich.*

LOLA: *streichelt Alexandra zärtlich* Meine liebe Prinzessin Alexandra, Sie müssen wissen, dass es hierzulande hochangesehene Menschen gibt, die nichts gelten lassen können, außer sich. Es sind Menschen, denen die Pflege eines einzigen Gefühls besonders am Herzen liegt: die Liebe zu ihrem Hass auf alles, was ihren Interessen im Wege stehen könnte. Und gäbe es keine Hindernisse, sie würden solche erfinden, nur damit sie sich besser fühlen können, egal, was sie damit anrichten.

Alexandras Blick fällt auf einen grünen Vorhang im Hintergrund

ALEXANDRA: *entsetzt* Das dort, das Grüne! Es war doch vorhin nicht da? Wer hat es plötzlich hingezaubert?

Alexandra gerät in Panik. Lola zeigt nicht ihr Erschrecken, sie steht auf, lässt den grünen Schal in einer Schublade verschwinden. Alexandra beruhigt sich, als sei nichts geschehen.

LOLA: Und nun erzähle ich Ihnen eine Geschichte von Bella, meinem Hund, den ich in einem Formular als „Begleitperson" eingetragen habe.

ALEXANDRA *lacht.*

LOLA: Statt, wie Sie darüber zu lachen, haben mir die königlichen Beamten einen Strafbescheid über fünf Gulden wegen Missachtung einer „königlichen Behörde" ins Haus geschickt. Und nur Ihrem Papa, den ich so sehr verehre, habe ich es zu verdanken, dass mich Bella keine fünf Gulden kostete.

ALEXANDRA: *mimt einen Hund, der sich tierisch freut* Hast Du gut gemacht, mein lieber König, *bellt* bist ein guter braver König, *bellt* Du solltest lieber, guter, braver König *bellt* deine Beamten in den königlichen Hundezwinger sperren *jault wie ein geprügelter Hund.*

LOLA: *begeistert lachend* Ein andermal habe ich mich hier im Palais den Münchnern am Fenster gezeigt, mit einer Zigarre im Mund, nur um sie zu ärgern. Den Leuten auf der Straße wären fast die Augen aus dem Kopf gefallen. Hinterher habe ich das furchtbar büßen müssen, mir wurde kotzübel. Ich möchte zwar alles tun dürfen, was die Herren der Schöpfung tun dürfen, doch rauchen, nein, das behagt mir nicht. *beide lachen aufgeräumt.*

Kleine Pause

ALEXANDRA: *völlig umgewandelt* Halten Sie mich für verrückt?

Lichtwechsel

25. Bild „Undank"

Arbeitszimmer des Königs. König, Königin Therese und Minister von Berks.

KÖNIG: Sagen Sie diesen undankbaren, frechen Münchnern, dass ich diese Unverschämtheiten mit allen Mitteln zurückweisen werde und dass ich notfalls nicht davor zurückschrecken werde, die …

Die Königin tritt ein.

KÖNIG: Was gibt es?

KÖNIGIN THERESE: Ich möchte Dich allein sprechen, Ludwig.

von Berks will gehen.

KÖNIG: Bleiben Sie. Nun, was hast Du mir zu sagen?

KÖNIGIN THERESE: Empfange die Deputation. Ich bitte Dich darum.

KÖNIG: Kommt man mit zweitausend Mann im Rücken zum König, ihn um etwas zu bitten?

KÖNIGIN THERESE: Besinne Dich, Ludwig! Ich war immer dein bester Freund, bin es auch heute. Und als solcher flehe ich Dich an: Gib nach! Nicht um meinetwillen, nein, der Kinder, der Dynastie wegen!

KÖNIG: Ich lasse mir keinerlei Zugeständnisse abzwingen, von niemandem!

KÖNIGIN THERESE: Ludwig, erinnere Dich an deinen Leitspruch als Kronprinz: „Zuvorkommen heißt das Ströme Blut ersparende Wort, freiwillig das Billige zugestehen rettet davor, dass nicht das Übertriebene verlangt wird!"

KÖNIG: Zwischen Leitsprüchen und Handeln ist ein weiter Bogen gespannt.

KÖNIGIN THERESE: Ludwig, alle Welt schreit es hinaus: Der König ist in seinen Entscheidungen nicht mehr frei. Seine Handlungen sind geprägt durch eine Mätresse.

KÖNIG: Vorwürfe, nichts als Vorwürfe.

KÖNIGIN THERESE: Ludwig. Die Krone steht auf dem Spiel. Du musst die Deputation empfangen, musst die Münchner zu Wort kommen lassen, musst ihnen Zugeständnisse machen. Ein Bürgerkrieg ist nicht mehr auszuschließen, wenn Du nicht nachgibst. Die Professoren und Studenten werden keine Ruhe geben, bis die Universität wieder ihre Pforten geöffnet hat. Sie werden für ihr Ziel über Leichen gehen.

KÖNIG: Ich lasse mir nichts abtrotzen. Auch von den Münchnern nicht.

MINISTER VON BERKS: Die Münchner wissen, dass Eurer Majestät Herz für diese Stadt schlägt.

KÖNIG: Wo aber bleibt das vielgerühmte Herz der Münchner! Die Landshuter haben sich nicht beschwert, als ich die Universität nach München verlegte; die Münchner aber gebärden sich, als hätte ich den Bierpreis erhöht oder die Wies'n verboten.

MINISTER VON BERKS: Um Gottes Willen! Majestät dürfen so etwas nicht einmal denken. Die Not der Münchner ist eh schon groß genug.

KÖNIG: Die Münchner Bürger sind sehr undankbar; sie vergessen, was ich seit 23 Jahren für die Stadt getan habe. Ich kann aber meine Residenz auch verlegen, nichts hindert mich daran. Nach Landshut oder Nürnberg.

KÖNIGIN THERESE: Allmächtiger! Das würden die Münchner nicht überleben. Nach Nürnberg, in die Stadt von Cramer-Klett, dieser roten Hochburg!

KÖNIG: Ich lasse mich nicht einschüchtern. Man kann mir mein Leben nehmen, aber meinen Willen nicht. Von Berks! Überbringen Sie folgende Botschaft ins Rathaus: Wenn Münchens Einwohner sich zu meiner Zufriedenheit benehmen, werde ich unverzüglich den Bierpreis senken!

MINISTER VON BERKS: Majestät. Das ist eine berauschende Idee. Das werden die Münchner zu schätzen wissen, aber …

KÖNIG: Niemand soll sagen können, dass ich die Münchner am ausgestreckten Arm verdursten lasse, solange die Universität geschlossen bleibt. Besser es fließt Bier als Blut.

KÖNIGIN THERESE: *bekreuzigt sich* Hopfen und Malz, Gott erhalt's.

Königin Therese ab.

MINISTER VON BERKS: Opfern Sie Lola Montez und alles ist gewonnen.

KÖNIG: Lieber lasse ich mein Leben.

MINISTER VON BERKS: Das Volk gibt einzig und allein der Gräfin von Landsfeld die Schuld an den unhaltbaren Zuständen.

KÖNIG: Ich lasse Lola Montez nicht fallen.

MINISTER VON BERKS: Sie wird für den Verlust der Autorität des königlichen Machtwillens verantwortlich gemacht.

KÖNIG: Ich lasse Lola nicht ziehen.

MINISTER VON BERKS: Das Volk besteht darauf, dass die Gräfin das Land verlässt.

KÖNIG: Auf ihre Gegenwart kann und will ich nicht verzichten. Sie hat um meinetwillen alles aufgegeben, erträgt um meinetwillen Hass und Verleumdung – ich wäre der undankbarste Mensch auf der Welt, würde ich das vergessen.

MINISTER VON BERKS: Bringen Sie das Opfer freiwillig, es gibt sonst keinen Ausweg. Entwaffnen Sie die Münchner durch die Abschiebung von Frau Montez – die Wölfe werden augenblicklich in eine Herde Lämmer verwandelt sein!

KÖNIG: Das raten Sie?

MINISTER VON BERKS: Das Volkswohl, Majestät, das Interesse des Hofes bestimmen meine Haltung. Nochmals: Ich muss Ihnen dringend empfehlen, dass die Gräfin noch diese Nacht München verlässt! Sonst kann ich für nichts einstehen.

KÖNIG: Von Ihnen glaubte ich, Sie seien der Gräfin zu Dank verpflichtet.

MINISTER VON BERKS: Eben! Majestät, mein Dank besteht darin, ihren Tod zu vermeiden und ich glaube, dass dies auch das Interesse meines Königs ist.

KÖNIG: Sehr selbstlos, mein Lieber. Sehr selbstlos.

MINISTER VON BERKS: Ich wiederhole nochmals: Es geht um das Leben der Gräfin. Wie viele Opfer ein Bürgerkrieg in Bayern fordern wird, ist nicht abzusehen. Aber das erste Opfer wird die Gräfin von Landsfeld sein. Keine Polizei, kein Minister, kein Militär – und auch Majestät werden es nicht verhindern können, dass sich schon morgen das entfesselte Volk auf das Palais der Gräfin stürzt.

KÖNIG: Lassen Sie mich allein.

MINISTER VON BERKS: Ich bin gewillt, auf Ihre Entscheidung zu warten.

KÖNIG: *sehr ruhig.* Gehen Sie von Berks. Gehen Sie. Bitte.

Minister von Berks ab.

KÖNIG: In jeder großen Trennung liegt ein Keim von Wahnsinn; Ich bin dabei, diesem Wahnsinn zu erliegen.

Lichtwechsel

26. Bild „Lolas Flucht"

Palais Lola. Lola und Minister von Berks.

Minister von Berks übergibt ihr den Brief von Ludwig.

LOLA: Das haben Sie getan!

MINISTER VON BERKS: Es ist der Wille des Volkes.

LOLA: Haben Sie den Willen des Volkes befragt, als Sie Minister wurden? Hat Sie das Volk ernannt? Die Königsmätresse hat Sie ernannt! Die Königsmätresse gibt Ihnen den verdienten Tritt! *Sie tritt ihn.* Was für eine Narretei, dieser dumme Münchner Adel. Den Pöbel anzustiften, ein Weib mit Gewalt aus der Stadt zu jagen! Denken Sie an mich, von Berks, wenn die Münchner wie die Pariser jaulen werden: „Vive la Republique!", „A bas le Roi!", „A bas la Noblesse!"

NUSSBAUMER: *kommt hereingestürzt.* Kein Aufschub, Gräfin! Ihr Leben ist in Gefahr!

LOLA: *schreit* Wollt Ihr mein Leben, da, nehmt es!

NUSSBAUMER: Gräfin, ich hafte persönlich für Ihre Sicherheit, also kommen Sie endlich.

LOLA: *anzüglich* Mein lieber Nussbaumer, Du haftest mir für etwas ganz anderes!

NUSSBAUMER: Hierfür ist jetzt wirklich nicht der Zeitpunkt. Ich habe den Auftrag, die Gräfin zum Schloss Blutenburg zu bringen.

LOLA: Als mein Leibwächter?

NUSSBAUMER: So hat es der König angeordnet. Ab sofort haben Sie meinen Anordnungen zu folgen, also kommen Sie.

LOLA: Mein guter Luis. *Mit Blick auf Nussbaumer* Sein Vertrauen in meine Leibwächter ist wirklich bewundernswert. Wo ist meine Peitsche?

Lichtwechsel

27. Bild „Nürnbergers Geständnis"

Arbeitszimmer des Königs. König, Student Nürnberger.

NÜRNBERGER: *liest.* Nachdem ich von der Polizei verhaftet wurde, wünschte mich die Gräfin zu sehen, weil Sie aus meinem Munde die wüsten Beschimpfungen persönlich hören wollte. Danach verließ ich das Palais als freier Mann. Einige Tage später fand ich mich einmal alleinig bei der Gräfin und nach längerem Liebkosen küsste und drückte sie mich und fragte mit fingierter Überraschung plötzlich: Qu'avez vous? Que voulez vous? Vous êtes si rouge, berührte mich alsdann, und bahnte mir einen Weg, sie zu genießen, worauf – um kurz zu sein – ich fühlte, was ich nie zuvor gefühlt. Ich wusste nicht, wie mir geschehen, bei dem heiligen Kruzifix musste ich kniend schwören, ihr nie untreu zu sein; sie tat dasselbe. – Es waren entsetzlich heilige Augenblicke. Die Folge davon, dass ich nach ihr süchtig wurde, dass ich in jener Zeit selbst mein Leben für sie gegeben hätte.

Langes Schweigen.

KÖNIG: Wer hat Sie zu diesem Geständnis bewogen?

NÜRNBERGER: *schweigt.*

KÖNIG: Haben Sie von Ihren Auftraggebern wenigstens einen guten Preis verlangt?

NÜRNBERGER: *schweigt.*

KÖNIG: Antworten Sie mir wenigstens auf diese Frage. Aber bitte die Wahrheit: Hat die Gräfin jemals mit Ihnen über mich gesprochen?

NÜRNBERGER: Nie. Ich schwöre es. Beim Leben meiner Mutter.

KÖNIG: Kennen Sie den Studenten Peissinger?

NÜRNBERGER: *nickt.*

KÖNIG: Auch mit ihm hat die Gräfin von Landsfeld nie über mich gesprochen, wenn er sie in ihrem Bett aufsuchte.

NÜRNBERGER: Der Peissinger, nein. *schreit* Das ist nicht wahr!

KÖNIG: Doch. Er hat es mir geschworen – beim Leben seines Vaters.

NÜRNBERGER: *verzweifelt* Aber sie hat mir doch beim Kruzifix ewige Treue abverlangt!

KÖNIG: Tja, da werden Sie wohl nicht der einzige Eidgenosse gewesen sein. Das Leben ist ein ständiges „Treuloswerden". Nur das „Wie" unterscheidet die Proleten von den Kultivierten.

NÜRNBERGER: *schreit* Diese Hure.

KÖNIG: Sie sollten nicht ungerecht sein. Immerhin haben Sie mitgeholfen, dass sie von den braven Münchnern als solche tituliert wird.

NÜRNBERGER: Ich liebe diese Frau, liebe sie mehr als mein Leben.

KÖNIG: Des einen Liebe ist des andern Demütigung. Diese Erkenntnis schmerzt, wenn man zu den Gedemütigten gehört. Nicht wahr? Wie aber muss man sich fühlen, wenn man als Betrüger betrogen wird.

NÜRNBERGER: *schreit wie ein Verrückter.*

Lichtwechsel

28. Bild „Schau di net um, die Lola geht rum."

Lola, König Ludwig, dazu Bischof Diepenbrock.

LOLA: *aus dem Dunkel, geflüstert* Luis, Luis …

KÖNIG: Lola? Bist Du es, Lola? *lacht* Jetzt ist es soweit. Lolas Geist sucht mich heim und verspottet mich in meiner Umnachtung.

LOLA: *aus dem Dunkel* Luis, ich bin es, wirklich und leibhaftig!

KÖNIG: Leibhaftig, ganz so wie der Leibhaftige, nur ohne Schwanz und ohne Hörner. Ach, ja. Die hast Du mir ja aufgesetzt.

LOLA: *aus dem Dunkel* Ich bin gekommen, um Dich mitzunehmen.

KÖNIG: *dem Wahnsinn nahe* Schau di net um, die Lola geht rum.

LOLA: *schreit* LUIS!!

KÖNIG: *erkennt Lola, schreit* Lolitta!!

Beide umarmen sich leidenschaftlich.
Dazu die Stimme des Bischofs mit der Ankündigung, den Brief des Königs
vorzulesen (über Tonanlage)

STIMME DES BISCHOFS:
Liebe Gläubige, liebe Gemeinde. Gottes Wort wird sich in diesen unruhigen Tagen bei meiner heutigen Predigt auf einen Brief unseres Königs von Bayern, Ihrer Majestät Ludwig I. beschränken. Wir alle hoffen in Gottes Zuversicht und mit Gottes Hilfe, dass die offenen Worte des Königs beitragen mögen, sein persönliches Ansehen hierzulande und dasselbige draußen in der Welt wieder in dem Licht erscheinen zu lassen, das unserem Bayernland gemäß ist.

Lichtwechsel

Die Kopulation der Liebenden ist nur noch schemenhaft erkennbar. Bischof
Diepenbrock, der Ludwigs Brief in Händen hält, wird langsam sichtbar.

Hören Sie nun die Worte des Königs:

KÖNIG: Der Schein trügt, ich versichere auf mein
Ehrenwort, dass ich seit fünf Monaten weder meiner Frau noch einer anderen
beigewohnt habe. Mätressenwirtschaft mochte ich nie und mag sie nicht. Aber
Bekanntschaften hatte ich fast immer, welche meine Phantasie anregten, und gerade
sie waren mein bester Schutz gegen Sinnlichkeit. Ich gebe Ihnen mein Ehrenwort, dass
ich in Monaten keinen fleischlichen Umgang gepflogen, weder mit meiner Frau noch
mit einer anderen.

STIMME IM ZUSCHAUERRAUM: Wer's glaubt, wird selig. Weil, wenn des war is,
nachad ist der Ludwig unser Kini net – und a Bayer scho glei gar net.

Lichtwechsel

29. Bild „Abdankung"

Arbeitszimmer des Königs. König und sein Thronfolger Maximilian.

THRONFOLGER MAXIMILIAN: Vater! Es geht das Gerücht, dass Lola Montez heimlich München aufgesucht hat.

KÖNIG: Während es in Europa an allen Ecken und Enden brennt, beschäftigt den bayerischen Thronfolger die Frage: Wo ist Lola Montez? Während in Berlin die Unruhen Hunderte von Opfern gefordert haben, wird Lola Montez in Bayern als vogelfrei erklärt! Obwohl ich zur Vermeidung eines Blutbades öffentlich erklärt habe, dass Lola Montez die bayerische Staatsbürgerschaft nicht mehr besitzt.

THRONFOLGER MAXIMILIAN: Wofür wir Ihnen zu Dank verpflichtet sind.

KÖNIG: Dann zeigt ihn auch! Statt mir zu danken, wird der Mob aufgefordert, sie zu jagen und einer richterlichen Untersuchung zuzuführen.

THRONFOLGER MAXIMILIAN: Vater, Sie lieben diese Frau immer noch.

KÖNIG: Was in mir brennt, davon hast Du keine Ahnung. Ich bin besessen von der Schönheit dieser Frau, wie ein Dämon hält sie mich gefangen. Wie schal muss die Freiheit derer sein, die dieses Gefühl nicht kennen, das einen verzehrt.

THRONFOLGER MAXIMILIAN: Vater. Das Volk braucht einen König, der ...

KÖNIG: Wie recht Du hast: Rex vivat lex. Dies kann ich wohl von mir nicht mehr behaupten, nachdem mich meine Minister für regierungsunfähig halten.

THRONFOLGER MAXIMILIAN: Sie sehen Vater: Liberale können Minister sein, aber deshalb sind sie noch keine liberalen Minister.

KÖNIG: *laut* Dies ließe sich doch auf Katholiken übertragen. Aber lassen wir das. Du bist der künftige König. Ich wünsche Dir bei der Wahl deiner Minister eine bessere Hand.

THRONFOLGER MAXIMILIAN: Ob meine Hände besser sind, weiß ich nicht – Ich weiß nur, dass ich meine Hände von niemandem werde führen lassen.

KÖNIG: Mein lieber Maximilian. Lieber werde ich von einer Frau beherrscht, in allem, was mir eigen ist, als dass meine Vorstellungen von der Gestaltung dieses schönen Landes der Zustimmung dahergelaufener Minister bedarf!

THRONFOLGER MAXIMILIAN: Majestät …

KÖNIG: *bayrisch, was er nicht beherrscht* Jetzt red i! *deutsch* Noch bin ich der König! König Ludwig I. Du wirst König Maximilian II. sein, ein König der 2. Klasse, weil andere Dir vorschreiben werden, was gut und schlecht für Bayern ist. *bayerisch, was er nicht beherrscht* Und des is schlecht. So jetzat derfst Du!

THRONFOLGER MAXIMILIAN: Majestät, eine neue Zeit bricht an. Wir müssen sie verstehen und ihr Rechnung tragen. Wir zuerst, wenn sie nicht über uns hinwegschreiten soll.

KÖNIG: Nein, nein, nicht die Zeit ändert sich. Die Bedingungen ändern sich. Weder der Beleidiger noch der Beleidigte bleiben, was sie einmal waren. Wir zwei, wir haben uns nie verstanden. Vielleicht ändert sich das jetzt. Ich jedenfalls werde immer für Dich da sein. Hier ist meine Abdankungserklärung, die ich morgen veröffentlichen lassen werde. Nur mit einer Unterschrift versehen – der meinigen. *Der König liest.* Bayern! Eine neue Richtung hat begonnen, eine andere als die in der Verfassungsurkunde enthaltene, in welcher ich nun dreiundzwanzig Jahre geherrscht. Ich lege die Krone nieder zugunsten meines geliebten Sohnes, des Kronprinzen Maximilian. Treu der Verfassung regierte ich, dem Wohle des Volkes war mein Leben geweiht; als wenn ich eines Freistaates Beamter gewesen, ging ich mit dem Staatsgut, mit den Staatsgeldern um. Ich kann jedem offen in die Augen sehen. Meinen tiefgefühlten Dank allen, die mir anhingen. Auch vom Throne herabgestiegen, schlägt glühend mein Herz für Bayern, für Deutschland. Ludwig. *zu Maximilian* Einverstanden?

THRONFOLGER MAXIMILIAN: Ja.

Lichtwechsel

Zwischenbild „Alexandras Todessehnsucht"

Vorbühne. Alexandra.

Alexandra in einem grünen Kleid aus Seide.

ALEXANDRA: Lola, wo bist Du? Lola, Du brauchst keine Angst zu haben. Warum bist Du weggelaufen. Niemand wird Dich töten. Niemand wird Dich auf's Schafott führen. Liebe Lola, ich bin bereit, Sieh' doch, sie haben mir das Todeskleid angezogen. Die Farbe „Grün" macht mir keine Angst mehr. Ich werde für Dich sterben, und auch für meinen Papa. Ihr müsst Euch nicht mehr schämen. Ihr müsst mich nicht mehr vor aller Welt verschließen. Ich bin geheilt. Ich werde Euch keine Schande mehr machen. Für Dich, meine geliebte Lola, für Dich, mein geliebter Vater, will ich sterben. In einem grünen Kleid, so wie die Natur ergrünt, bevor sie sterben muss.

30. Bild „Verloren hab' ich die Krone ..."

König. Dazwischen der Lola-Text über Band.

KÖNIG:

Verloren hab ich die Krone, durch Dich verloren,

Aber ich grolle Dir darum doch nicht,

Du warst ein so blendend und sengend Licht!

LOLAS STIMME:

Mein lieber, lieber Luis. Vergib mir, dass ich nicht

die Treue des bayerischen Volkes

in den Grundfesten erschüttert habe,

für mein Leben gern hätt' ich's getan.

KÖNIG:

Sei glücklich! Dies rufet meine Seele,

Aus weiter Ferne Dir nach;

Den Weg des Heiles endlich nun wähle!

Das Laster bringt Verderben nur und Schmach.

LOLAS STIMME:

Verzeih mir, sag ich, hätt' ich's können, hätt' ich's früher getan!

KÖNIG:

Den besten Freund, der Dir jemals geworden,

Den stießest Du treulos von Dir,

Verschlossen waren Dir des Glückes Pforten,

Du folgtest nur Deiner lüsternen Begier.

LOLAS STIMME:

Denn wenn ich auch „vögelfrei" bin, sie könnten mich packen,

in einen Käfig setzen und für 6 KR Entre sehen lassen!

KÖNIG:

Für's Leben bleiben immer wir geschieden,

Nie und nimmer sehen wir uns mehr,

LOLAS STIMME:

Mein allerliebster Luis. Führe mich nicht in Versuchung,

wieder in das Land hereinzukommen.

KÖNIG:

Lass mir des Herzens schwer errungenen Frieden,

Das Leben lastet ohne ihn so schwer.

Lichtwechsel

Epilog „Western-Saloon"

Spelunke in Kalifornien. Lola, dazu Cowboys und -girls, zwielichtige Gestalten (gespielt vom Ensemble).

CONFÉRENCIER *in schäbigen Cowboy-Klamotten.*

Hallo, Guys and Dolls! Schaut her, was ich heute zu bieten habe! Zum ersten Mal in California, zum ersten Mal in Grass Valley, werdet ihr eine königliche Hure sehen. Lola Montez heißt das Goldstück. Lola Montez, die den Bavarian King geliebt hat, bis dieser liebeskrank von seinem chair, was sage ich, von seinem Bavarian Thron gekippt worden ist. Lola Montez, die meistgehasste Frau in Bavarian, hat es geschafft, Weltgeschichte zu schreiben. Sie hat es geschafft, mit ihren langen Beinen, den Bavarian King verrückt zu machen. Jetzt ist sie hier in California angekommen, in der schäbigsten Spelunke, die California zu bieten hat. Lola, sag den American Boys, was Sache ist. Du bist doch nicht auf's Maul gefallen! – You are ready my dear!

Lichtwechsel

Auftritt Lola *erscheint als Nonne verkleidet*

LOLA:

Überall hinausgetrieben,

Überall davongejagt,

Ist mir kein Asyl geblieben,

Nirgends mehr, Gott sei's geklagt!

Bayern, das aus Nacht und Pfütze

Ich zum Spaß ein wenig hob,

Bayern, meine letzte Stütze,

Warf hinaus mich bayrisch grob.

Auftritt Cowboys / Cowgirls

COWBOYS / COWGIRLS *Der Text muss mit der sattsam bekannten Melodie*

wunderschön zart und leise gesungen werden

Zieht Lolitta die Nonnenwäsche aus?

die Nonnenwäsche aus?

die Nonnenwäsche aus?

Man jagt Lola nicht ungestraft hinaus,

ungestraft hinaus, ungestraft hinaus …

LOLA:

Ach! Wohin die Schritte wenden?

Nach Italien? in die Schweiz?

Zahlt man dort mit vollen Händen

Meiner Frechheit eig'nen Reiz?

Griechen dort wohl auch Minister,

Staatsbeamter, Offizier,

Alemanne und Philister, –

Kriechen sie auch dort vor mir?

COWBOYS / COWGIRLS

Zieht Lolitta die Nonnenwäsche aus?

die Nonnenwäsche aus?

die Nonnenwäsche aus?

Man jagt Lola nicht ungestraft hinaus,

ungestraft hinaus, ungestraft hinaus …

LOLA:

Find' ich dort wohl auch Gendarmen,

Mich zu schützen stets bereit?

Sticht man dort auch ohn' Erbarmen

Auf das Volk, das tobt und schreit?

Ach! Gar viel hab' ich verloren,

Was nicht zu ersetzen ist,

Selbst den Titel „Hochgeboren"

Raubt man mir zu dieser Frist.

Lola zieht langsam die Nonnentracht aus, Striptease.

COWBOYS / COWGIRLS *begeistert*
Jetzt zieht Lola die Nonnenwäsche aus,
die Nonnenwäsche aus,
die Nonnenwäsche aus.
Man jagt Lola nicht ungestraft hinaus,
ungestraft hinaus, ungestraft hinaus …

LOLA:
Flüchtig muss durch's Land ich ziehen,
Flüchtig, sag ich, vögelfrei,
Selbstverlästert und verschrien
Von der hohen Polizei.
Hätt' ich nicht in guten Zeiten
Geld in Sicherheit gebracht,
Not und Hunger müsst' ich leiden
Durch das Volk bei Wind und Nacht.

COWBOYS / COWGIRLS *begeistert*
Jetzt zieht Lola die Nonnenwäsche aus,
die Nonnenwäsche aus,
die Nonnenwäsche aus.
Man jagt Lola nicht ungestraft hinaus,
ungestraft hinaus, ungestraft hinaus …

LOLA:
Ich, die eines Königs Lider
Für das schönste Weib erkannt,
Die geschmückt die schlanken Glieder
Mit Rubin und Diamant;

Schlage jetzt das Aug' zu Boden

Dass mich nicht verrät die Glut,

Denn am liebsten bei den Toten

Sähe mich des Volkes Wut.

Lola steht nur noch in Lederhosen mit Hosenträgern da.

COWBOYS / COWGIRLS

Zieht Lolitta die Lederhosen aus?

die Lederhosen aus?

die Lederhosen aus?

Man jagt Lola nicht ungestraft hinaus,

ungestraft hinaus, ungestraft hinaus ...

Lola beantwortet die Frage mit einem weiteren Striptease.

LOLA:

Ich gesteh's, ich lieb das Laster,

Was die Welt so Laster nennt,

Schwelge gern und rauche Knaster,

Wollust ist mein Element;

Sollt ich etwas besser scheinen,

Als ich dennoch wirklich bin?

Darum wirft man mich mit Steinen,

Hat zu töten mich im Sinn?

COWBOYS / COWGIRLS *erleichtert*

Jetzt zieht Lola die Lederhosen aus,

die Lederhosen aus,

die Lederhosen aus,

Man jagt Lola nicht ungestraft hinaus,

ungestraft hinaus, ungestraft hinaus ...

LOLA:

Mir ist's recht, ich bin geborgen,

Und geborgen ist mein Geld.

Eine Zukunft ohne Sorgen

Beut' mir jetzt die ganze Welt;

Ich verlor durch's Straßenpflaster

nur vom Haupt den goldnen Reif, –

Für das ungeschminkte Laster

Ist die Welt jetzt endlich reif.

Lola vollendet ihren Striptease.

COWBOYS / COWGIRLS *provozierend*

Zieht den Bayern die Lederhosen aus,

die Lederhosen aus,

die Lederhosen aus.

Man jagt Lola nicht ungestraft hinaus,

ungestraft hinaus, ungestraft hinaus …

Über Tonanlage werden die Stimmen ihrer Gegner eingespielt (Bischof, Minister von Abel, der Unbekannte, Königin Therese, etc., mit Schimpfwörtern aus ihren jeweiligen Texten).

Lichtwechsel

LOLA: *Bewegt sich plötzlich, als würde sie von diesen Stimmen verfolgt, welche von überallher auf sie eindringen im Stereo-Effekt.*

Ihr habt kein Recht, über die Tugend einer Frau den Stab zu brechen, solange ihr nicht strenger gegen euch selbst seid. Ich bin weit entfernt, mich besser darzustellen, als ich bin. Der Ruf einer Frau ist oft weiter nichts, als der Widerhall der Bosheiten jener Männer, welche die Frauen so gerne schwach und schlecht sehen möchten und hinterher eine moralische Entrüstung heucheln.

Lola vernichtet – tanzend – nach und nach die „Stimmen", die nacheinander verstummen. Sie verfällt in ihren berühmt-berüchtigten „Spider Dance".

Ich habe euch den Fehdehandschuh hingeworfen und werde mit euch kämpfen, solange ich lebe, in allen Lagen und in jeder Form. Ich werde gegen eure Anmaßung, gegen eure Übertreibung, gegen eure Unverschämtheit ankämpfen bis zu meinem letzten Atemzug.

Des KÖNIGs Stimme über Band:

orgastisch, mit Echohall, entsetzlich und unheimlich, bis hin zum Schmerz besetzten „letzten Atemzug".

„Loooliiiiittaaaa…"

Black

Ende